Wie den Berlinern ein Bär aufgebunden wurde

Claudia von Gélieu

Wie den Berlinern ein Bär aufgebunden wurde

GESCHICHTEN AUS BERLIN

Illustriert von Anna Zunterstein

vbb verlag für berlin-brandenburg

1. Auflage 2011
© Verlag für Berlin-Brandenburg, Inh. André Förster
Binzstraße 19, D–13189 Berlin
www.verlagberlinbrandenburg.de

Lektorat: Nina Mücke
Satz und Gestaltung: Pina Lewandowsky, Berlin
Druck: druckhaus köthen GmbH, Köthen
Printed in Germany

ISBN 978-3-942476-20-1

INHALT

DIE BRITZER PRINZESSIN

Da! Was war das, was da im Dreck blinkte? Gold? Und daneben so hell? Vorsichtig schoben die Arbeiter die Erde mit der Hand zur Seite – ein Skelett! Einen neuen Park an der Buschkrugallee in Neukölln-Britz sollten sie anlegen. Und nun hatten sie ein Skelett – das Skelett von einem Menschen – entdeckt.

War hier ein Verbrechen geschehen? Stammte das Skelett von einem Mord? Immerhin musste der Mensch schon etwas länger tot sein, da die Arbeiter nur noch Knochen gefunden hatten.

Und was war mit dem runden Stück, das wie Gold glänzte, dort am Kopf des Skeletts, da wo einmal der Mund gewesen sein musste? War es nicht bei den Heiden in vorchristlicher Zeit Brauch gewesen, den Toten eine Münze auf ihre Reise ins Jenseits mitzugeben? Dr. Gertrud Dorka wurde benachrichtigt. Sie leitete das Museum für Vor- und Frühgeschichte in Berlin. In diesem Museum wird alles gesammelt, was von den ersten Menschen gefunden wird, die in Europa gelebt haben: Knochen, Werkzeuge, Schmuck. Die Museumsdirektorin ließ das Skelett genau untersuchen.

Es waren wohl die Knochen einer Frau, denn das Skelett war nur 155 Zentimeter groß und der Knochenbau sehr zierlich. Weil

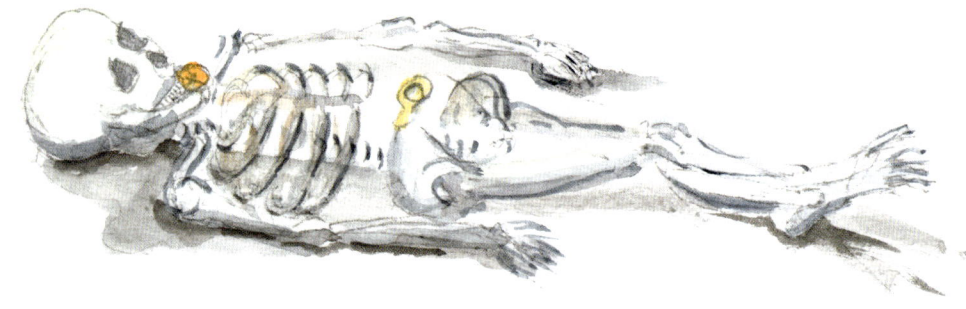

es noch nicht ganz ausgewachsen und das Gebiss wenig abgekaut war und die Weisheitszähne fehlten, musste es ein junges Mädchen gewesen sein – ungefähr 16 Jahre alt, als es starb.

Doch warum war das Mädchen so jung gestorben? Weder der gut erhaltene Schädel noch andere Knochen des Skeletts wiesen Spuren von Gewalt auf. Hatte Gift zu ihrem Tod geführt? War das Mädchen krank gewesen? War es verhungert?

Bei der Frage, wie lange der Tod des Mädchens her war, halfen die Gegenstände weiter, die bei seinem Skelett gefunden wurden.

Im Mund des Mädchens lag wirklich ein Goldstück, auf dem ein Kreuz zu sehen war. Das Kreuz ist ein Zeichen der Christen, aber nur Heiden legten ihren Toten eine Münze mit ins Grab, weil sie glaubten, die Verstorbenen müssten ihre Überfahrt ins Totenreich bezahlen. Das christliche Kreuz auf der Münze und ein heidnischer Brauch, wie passte das zusammen?

Heiden, die sich als Christen taufen ließen, gaben ihre alten heidnischen Bräuche nicht immer gleich auf. Sie übten die alte und die neue Religion nebeneinander aus. Offensichtlich hatte das Mädchen in einer Übergangszeit vom Heidentum zum Christentum gelebt.

In unserer Gegend begann die christliche Zeit erst nach dem Sieg der christlichen Eroberer über die heidnischen Slawen im

12. Jahrhundert. Das war vor ungefähr 800 bis 900 Jahren. Slawische Stämme siedelten sich seit dem 6. Jahrhundert hier an, also vor rund 1.500 Jahren. Davor gab es große Völkerwanderungen, die ausgelöst wurden durch den Zerfall des Römischen Reiches und den Einfall der Hunnen aus Asien nach Europa. Dabei können auch erstmals Christen durch den Berliner Raum gezogen sein oder sich für einige Zeit hier niedergelassen haben.

Aus dieser Zeit, vor mehr als 1.500 Jahren, stammte das Gefäß, das neben der Hüfte des Mädchenskeletts im Boden stand. Als es gereinigt wurde, erkannte man, dass es eine wunderschöne Glasschale aus hellgrünem Glas, verziert mit einer Spirale, war.

Solche Glasschalen wurden rund 500 Jahre nach Christi Geburt westlich des Rheins hergestellt. Hier bei uns konnte man damals so etwas noch nicht anfertigen. Die Glasschale war offensichtlich wie das christlich getaufte Heiden-Mädchen in der Völkerwanderungszeit von weit hergekommen.

So zerbrechliches Material wie Glas vom Rhein bis an die Spree zu transportieren, war damals nicht so einfach. Es gab weder ausgebaute Straßen noch LKWs, Züge oder Flugzeuge. Die Wege waren so holprig, dass Wagen häufig umstürzten. Viele Wege waren sogar nur mit dem Pferd oder zu Fuß passierbar. Eine Glasschale,

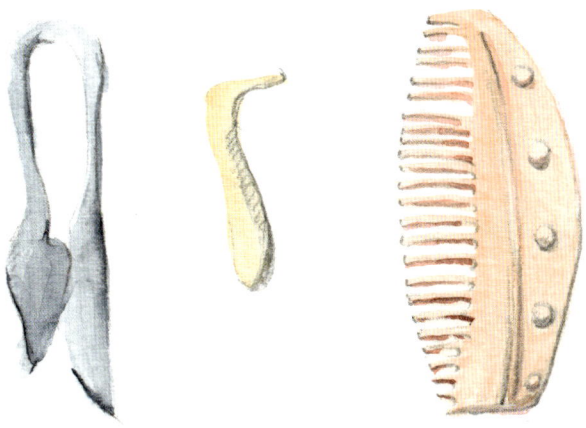

die nicht unterwegs kaputt ging, war hier sehr, sehr selten und deshalb sehr wertvoll und teuer. Nur sehr reiche Menschen hatten einen solchen Besitz.

Das Mädchen musste also aus einer sehr wohlhabenden Familie stammen. Das bestätigte nicht nur die Goldmünze, sondern auch die vielen anderen Dinge, die man noch bei dem Skelett entdeckte: zwei Broschen, die vom Gürtel des Mädchens übrig geblieben waren, und ein Metallbügel, der zu einem Ledertäschchen gehörte, das dem Mädchen auf die Brust gelegt worden war. Das Leder hatte sich vollständig aufgelöst, aber es wurden noch Sachen gefunden, die in dem Täschchen gelegen hatten: ein Kamm, eine Schere, zwei Messer und ein Schlüssel.

Nach heidnischem Brauch wurde den Toten mit ins Grab gegeben, was ihnen zu Lebzeiten gehört hatte und was sie in ihrem neuen Leben im Jenseits brauchen würden. Aber nicht alle Menschen erhielten Grabbeigaben.

Wo heute der Buschkrugpark ist, muss einst ein Friedhof gewesen sein. Nicht weit von dem Mädchenskelett wurde ein Männerskelett gefunden und viele einzelne Menschenknochen. Aber an keiner anderen Stelle tauchten Gegenstände auf.

Das Mädchen, das als Einzige Grabbeigaben erhalten hatte, so viele und so wertvolle Dinge, konnte kein gewöhnliches Mädchen gewesen sein. Sie muss eine Prinzessin gewesen sein, meinte Gertrud Dorka, die Direktorin des Museums für Vor- und Frühgeschichte. Und weil das Mädchenskelett in Britz gefunden worden war, wurde es fortan die »Britzer Prinzessin« genannt.

Durch alte Gräber, Grabbeigaben und andere Ausgrabungen erfahren wir etwas über das Leben aus Zeiten, als die Menschen noch nicht schreiben konnten und uns deshalb keine schriftlichen Zeugnisse überliefert haben. Das erste Schriftstück, in dem unsere Stadt erwähnt wird, stammt aus dem Jahre 1237. Aber Ausgrabungsfunde im Tegeler Fließ zeigen, dass schon in der Steinzeit, vor 12.000 Jahren, Menschen hier gelebt haben.

10

WIE DEN BERLINERN EIN BÄR
AUFGEBUNDEN WURDE

Nach einer alten Sage gehen die Gründung Berlins und der Name der Stadt auf Albrecht den Bären zurück. Sagen sind Überlieferungen aus einer Zeit, in der die meisten Menschen nicht lesen und schreiben konnten und deshalb alles mündlich weitergesagt wurde.

Der Sage nach soll sich Albrecht der Bär auf der Jagd nach Wasservögeln mitten im Sumpf verirrt haben. Als es dunkel wurde, tauchte zwischen den Bäumen Licht auf und er folgte dem Schein. So gelangte er zu einer Wendenburg. Eigentlich führte Albrecht der Bär Krieg gegen die slawischen Wenden. Doch die Wenden waren für ihre Gastfreundschaft bekannt und der Herr der Burg nahm den Kriegsgegner als Gast für die Nacht auf. Beim Essen und Trinken erzählte Albrecht der Bär dem Wendenfürsten so begeistert von seinem Gott Christus, dass der heidnische Wende sich taufen ließ und so zum Untertanen des Christen wurde. Albrecht der Bär, der so ohne Waffen den Wendenfürst besiegt hatte, beschloss auf der Insel mitten im Sumpfgebiet eine Stadt zu errichten, die er nach seinem eigenen Namen »Bär-lin« benannte.

Sagen werden beim Weitererzählen verändert, etwas wird weggelassen oder Neues dazu erfunden. Auch bei dem Spiel »Stille Post« kommt beim Weitersagen am Ende manchmal etwas ganz anderes heraus, als das, was der Erste dem Zweiten ins Ohr geflüstert hat.

Was also stimmt an der Sage von Albrecht dem Bären?

Archäologische Funde – so werden Ausgrabungen genannt – zeigen, dass ungefähr von 600 bis 1200 Jahre nach Christus slawische Stämme in der Berliner Gegend siedelten. Und Wenden, von denen in der Sage die Rede war, sind Slawen.

Mehr als zwei Jahrhunderte lang kämpften Christen aus dem Westen kommend gegen die heidnischen Slawen im Osten. Besiegte Slawen wurden getötet, es sei denn, sie ließen sich taufen. Und wie in der Sage soll es auch Slawen gegeben haben, die schon vorher zum Christentum übertraten.

Pribislaw, der letzte slawische Herrscher von Brandenburg, soll heimlich Christ geworden sein. Da er keine Kinder hatte, und weil er wollte, dass sein ganzes Land christlich werden sollte, setzte er den Christen Albrecht als seinen Nachfolger ein. Als Pribislaw im Jahre 1150 starb, kam es zum Krieg zwischen Albrecht und den Slawen, die den neuen christlichen Herrscher nicht anerkennen wollten. Aus den jahrelangen Kämpfen ging schließlich Albrecht als Sieger hervor. Im Jahre 1157 wurde er der erste Markgraf von Brandenburg.

Wie sein Vorgänger Pribislaw regierte Albrecht I. die Mark Brandenburg von der Stadt Brandenburg aus. Berlin wurde erst Residenzstadt, als die Hohenzollern im Jahre 1411 Herrscher

von Brandenburg wurden. Albrecht I. kam wohl nie nach Berlin. Falsch ist auf jeden Fall, dass der Name Berlin etwas mit seinem Namen zu tun hat. Erst lange nach seinem Tod erhielt Albrecht den Beinamen »der Bär«. Sein Wappentier war kein Bär, sondern der Brandenburger Adler.

Auch im Berliner Wappen tauchte der Bär erst auf, als die Stadt längst unter ihrem Namen Berlin bekannt war. Im Jahre 1244 wurde der Name Berlin zum ersten Mal in einer Urkunde erwähnt. Zu dieser Zeit war das Berliner Wahrzeichen noch der Adler. Erst um das Jahr 1280 begann der Bär den Adler zu verdrängen. Berlin hatte den Bären als zweites Wappentier eingeführt, um nicht mit der Nachbarstadt Cölln verwechselt zu werden, die auch einen Adler als Wappentier hatte.

Viele Jahrhunderte war Cölln an der Spree die Schwesterstadt Berlins. Die erste Erwähnung Cöllns in einer Urkunde im Jahre 1237 gilt heute als Geburtsjahr unserer Stadt. 750 Jahre später wurde im Jahre 1987 Berlins Geburtstag groß gefeiert. Zu einer Stadt mit dem Namen Berlin vereinigt, wurden die beiden Städte erst im Jahre 1710. Bis dahin gab es immer auch Konkurrenz und Streit zwischen den beiden. Jede wollte die Bedeutendere, die Reichere, die Schönere, die Erste sein.

Wer einen Adler auf dem Wappen sah, wusste nicht immer gleich, ob es das Berliner oder das Cöllner Wappen war. Deshalb fügten die Berliner ihrem Adler einen Bären hinzu. Bei einem Bären dachte man an das so ähnlich klingende Berlin und nicht an Cölln. Berlin hat sein neues Wappentier also nach seinem Stadt-namen gewählt und nicht umgekehrt. Auch andere Orte haben es so gemacht: So kam der Strauß ins Wappen von Strausberg oder der Reineke genannte Fuchs, auch ins Wappen von Reinickendorf.

Mit der Herleitung des Stadtnamens vom Bären und mit der Sage von Albrecht dem Bären als Stadtgründer versuchte Berlin, den slawischen Ursprung und die weniger rühmliche Bedeutung seines Namens zu vertuschen.

14

An der Spree lebte der Slawenstamm der Spreewanen und an der Havel die Heveller. Spandau und Köpenick, wo Überreste slawischer Siedlungen ausgegraben wurden, sind slawische Namen wie auch Marzahn, Steglitz, Rudow, Pankow, Britz, Buckow. Auch wenn die Slawen von den Christen besiegt wurden und sich taufen ließen, sprachen sie ihre Sprache weiter und benutzten ihre alten Ortsbezeichnungen. Und die Christen übernahmen diese.

Die Berliner aber wollten, je bedeutender ihre Stadt wurde, nichts mehr davon wissen, dass ihr Stadtname auf die slawischen Verlierer zurückging und ins Deutsche übersetzt »Land auf dem Sumpf« hieß. So erfanden sie eine Sage, die zu ihrem neuen Wappentier, dem Bären, und dem Klang ihres Stadtnamens passte und ihre Gründung und Namensgebung auf den Sieger über die Slawen, Albrecht I., zurückführte, dem sie den Beinamen »der Bär« gaben, damit alles stimmte.

Wahr ist an der Sage von der Gründung Berlins also nur, dass die Stadt auf Sumpfland entstanden ist.

DIE ROGGENMUHME

Lass stehn die Blume!
Geh nicht ins Korn!
Die Roggenmuhme
Zieht um da vorn!
Bald duckt sie nieder,
Bald guckt sie wieder:
Sie wird die Kinder fangen,
Die nach den Blumen langen!

Gedicht von August Kopisch, 1836

In früher Zeit streifte eine alte weise Frau durch die Getreidefelder. Die Roggenmuhme bestrafte alle, die achtlos die Halme der Mutter Erde niedertraten. Schlechten Bauern schickte sie Hagel und Sturm, fleißige belohnte sie mit einer reichen Ernte. Nach der Ernte wurde ihr mit einer Feier gedankt und Früchte des Feldes geopfert.

16

Aus diesem heidnischen Glauben und Brauch ging das christliche Erntedankfest hervor, das bis heute im Herbst in den Kirchen gefeiert wird. Und in manchen Gegenden finden noch immer im Frühjahr Flurprozessionen statt, bei denen Menschen über die Wege zwischen den Äckern und Wiesen ziehen und der Pfarrer die Felder segnet.

Die Sage von der Roggenmuhme ist eine von vielen alten Sagen aus der Zeit, in denen die meisten Menschen nicht lesen und schreiben konnten und die alten Leute ihre Geschichten den Jüngeren erzählten und diese später ihren Kindern. Da beim Weitererzählen manches verändert wurde, gibt es heute viele verschiedene Sagen über die Roggenmuhme. Sie zeigen, wie sich das Denken und der Glaube der Menschen veränderten. Und sie sind deshalb eine genauso wichtige historische Quelle wie Ausgrabungen, Urkunden oder andere schriftliche Zeugnisse.

Sicherlich wisst ihr, dass Roggen eine Getreideart ist. Aber wisst ihr auch, was Muhme bedeutet? Das ist ein Wort, das heute nicht mehr benutzt wird und nur noch wenige kennen. Muhme wurden ältere Frauen, Tanten oder Ammen genannt. Ammen sind Frauen, die fremde Kinder an ihrer Brust stillen. Und noch früher sagten die Kinder Muhme zu ihrer Mutter.

Da jeder Mensch von einer Mutter geboren wird, glaubten die Menschen, dass auch die Feldfrüchte von einer Mutter hervorgebracht werden, die nannten sie Mutter Erde. Wie eine Mutter oder eine Amme ihre Kinder stillt, ernährte Mutter Erde die Menschen mit ihren Früchten. Und wie die eigene Mutter musste Mutter Erde geliebt und geehrt werden, und die Erdenkinder mussten ihren Regeln, den Gesetzen der Natur, gehorchen, sonst bestrafte sie die Menschen mit schlechten Ernten. So erklärten sich die Menschen, warum in einem Jahr mehr Früchte wuchsen und in einem anderen weniger.

Besonders verehrt wurde die Roggenmuhme bei den Wenden, die bis ins 12. Jahrhundert im Berliner Raum lebten. Sie nannten

Flurprozession

sie Pscheszponiza oder Serpashija und sie errichteten eigene Heiligtümer für ihre Erdgöttin.

Die Christen besiegten zwar die slawischen Wenden, aber es gelang ihnen nicht, deren heidnische Bräuche vollständig zu verdrängen. Auch die Sage von der Roggenmuhme konnten sie nicht ausrotten, sondern nur ändern. In der christlichen Version schwebt ein Engel im strahlend weißen Gewand über die Felder und segnet die Ernte, wenn der Bauer fromm und fleißig war. Aus der alten Roggenmuhme machten sie eine böse Hexe, die Kinder verführte und verdarb:

»Eine hagere, alte Frau mit wirren wehenden Haaren, einer Hakennase, stechenden Augen, spinnenartigen, dünnen, langen Armen, von den Kornwogen getragen in schwüler Hitze lockt mittags mit krähender Stimme die Kinder ins Kornfeld. Wehe den Kleinen, die ihr folgen! Bald schlagen die Halme über den Köpfen der Kinder zusammen, sie werden von unerträglicher Müdigkeit befallen und sinken mit glühend heißer Stirn und brennenden Wangen in dem lispelnden Gewoge zu Boden. Nie wieder wachen sie auf.«

Die Heilige Gertraud

Dort, wo sich heute der U-Bahnhof Spittelmarkt befindet, stand einst ein Stadttor. Dass Berlin hier einmal zu Ende war und von einer Stadtmauer begrenzt wurde, daran erinnern die Namen der Straßen, die vom U-Bahnhof Spittelmarkt ausgehen. Auf der einen Seite liegt die Wallstraße und auf der anderen Seite die Nieder-wall- und die Oberwallstraße. Und Wall ist ein anderes Wort für Stadtmauer.

Mittelalterliche Stadtmauern sollten Überfälle in Kriegszeiten erschweren, vor allem aber dienten sie der Kontrolle. Fremde wurden am Stadttor nur eingelassen, wenn sie Geld hatten und gesund aussahen. Die Stadt wollte sich nicht um noch mehr Arme kümmern müssen und Kranke konnten ansteckende Seuchen wie die Pest in die Stadt bringen. Nicht selten wurden auch Kranke, die niemanden hatten, der sie pflegte, und Arme, die bettelten oder etwas zu Essen stahlen, einfach vor dem Stadttor ausgesetzt. Damit war die Stadt das Problem los.

Für all diese Armen und Kranken, die keinen Einlass in die Stadt erhielten oder ausgewiesen wurden, ließen adlige Jungfrauen im Jahre 1405 vor dem Stadtwall ein Hospital errichten. Jungfrauen wurden Frauen genannt, die nicht verheiratet waren. Weil sie keine eigene Familie hatten, stifteten sie ihr Geld dem Hospital. Wer dort die Kranken pflegte, ist nicht überliefert. Waren es Frauen, die kein Geld besaßen, aber auch helfen wollten? Sicherlich mussten die Armen ihren Aufenthalt abarbeiten. Auch von weniger Kranken wurde erwartet, dass sie sich um Schwerkranke und Bettlägerige kümmerten, sie fütterten, die Nachttöpfe leerten und sauber mach-ten. Mit unseren modernen Krankenhäusern hatten die damaligen Hospitäler wenig gemeinsam.

Das Wort Hospital stammt von dem Lateinischen »hospes« und bedeutet Fremder oder Gast. Abgekürzt wurde es zu »Spi-tal«, auf Berlinisch ein »Spittel«, wie wir es heute noch im Namen

19

des U-Bahnhofes Spittelmarkt finden. Auch der Name des Hospi-
tals ist in den Berliner Stadtplan eingegangen. Nach der Heiligen
Gertraud, der Schutzheiligen der Kranken und Armen, hieß es
Gertraudenhospital. Das Stadttor, vor dem es lag, wurde Gertraudentor genannt, die Straße, die dorthin führte, Gertraudenstraße
und die Brücke an der Straße Gertraudenbrücke.

Als das Gertraudenhospital im Jahre 1896 abgerissen wurde,
wurde auf der Brücke die Heilige Gertraud als Bronzefigur aufgestellt. So wie einst die Fremden im Gertraudenhospital versorgt
wurden, gibt die Gertraud aus Bronze einem Wanderburschen,

der mit Stock und Gans vor ihr kniet, aus einem Krug zu trinken. Das Kreuz an ihrer Halskette zeigt ihre Frömmigkeit und die weiße Lilie zu ihren Füßen ihre Reinheit. In der Hand hält sie eine Spinnwirtel. Sie wurde von den Frauen zum Spinnen von Garn gebraucht und steht für ihren Fleiß. Das Schlüsselbund an ihrem Gürtel erinnert daran, dass die Frau die Herrscherin über das Haus war. Ohne ihre Schlüssel kam niemand an die Vorräte und Schätze.

Die Ratten, die am Sockel der Heiligen Gertraud emporklettern, erinnern daran, dass die mittelalterliche Hausfrau als Herrin des Hauses auch dafür zuständig war, ihre Vorräte vor Ungeziefer zu retten. Schreiend vor Mäusen und Ratten Reißausnehmen konnten sich nur vornehme Damen leisten, die für solche Schmutzarbeit Mägde hatten.

Mäuse und Ratten spielen auch eine wichtige Rolle in der Legende, der Geschichte von der Heiligen Gertraud. In der Heimatstadt der Heiligen Gertraud soll es eine schlimme Mäuse- und Rattenplage gegeben haben. Die Mäuse und Ratten brachten gefährliche Krankheiten mit und fraßen alle Vorräte auf. Nichts half gegen diese Plage, bis Gertraud ein Gelübde ablegte. Sie ver-

sprach Gott, so lange zu beten und zu spinnen, bis alle Mäuse und Ratten verschwunden wären. Nachdem sie eine Woche ohne Pause und ohne Schlaf durchgehalten hatte, verschwanden die Mäuse und Ratten auf Nimmerwiedersehen.

Diese Legende beschreibt das Martyrium – das Leiden – und die Wundertätigkeit der Heiligen Gertraud. Nur wer Märtyrer ist oder ein Wunder vollbracht hat, kann vom Papst, dem Oberhaupt der katholischen Kirche, heilig gesprochen werden. Ob die Legende der Heiligen Gertraud wahr oder erfunden ist, weiß ich nicht. Aber sie lebte wirklich vom Jahr 626 bis zum Jahr 659 in Frankreich. Sie leitete dort ein Kloster, in dem Mädchen in die Schule gehen konnten und Kranke aufgenommen wurden.

Die Heilige Gertraud erzählt auch vom Mut einiger Menschen. Während des Zweiten Weltkrieges wurde die Bronzefigur abgebaut. Sie sollte eingeschmolzen und aus der Bronze Waffen gegossen werden. Doch Arbeiter versteckten sie in einer Werkstatt. So überstand sie den Krieg unbeschadet und konnte danach wieder an ihren alten Platz zurückkehren.

Bleibt noch darauf hinzuweisen, dass es Glück bringen soll, der glänzenden Ratte am Fuße der Heiligen Gertraud über den Kopf zu streichen.

mittelalterlicher
Pestarzt

ZUM NUSSBAUM

Ein Wirt auf der Fischerinsel hatte eine wunderschöne Tochter. Alle Fischer waren in sie verliebt und hätten sie gerne zur Frau gehabt. Aber die schöne Wirtstochter verliebte sich in einen Fremden und heiratete ihn schließlich. Weil sie aber so schön war, verziehen ihr die Fischer, dass sie keinen von ihnen zum Mann genommen hatte. Sie machten ihr sogar ein Geschenk zur Hochzeit.

Die Fischer schenkten der Wirtstochter einen Nussbaum, der vor dem Wirtshaus eingepflanzt wurde. Der Nussbaum gedieh prächtig und jeden Herbst trug er viele Nüsse. Doch eines Tages kam ein schweres Gewitter und ein Blitz schlug in den Baum ein. Der Nussbaum verkohlte und sah ganz tot aus. Doch im nächsten Frühjahr trieben aus den verkohlten Resten des Baumes neue Zweige, Blätter und Blüten. Und im Herbst gab es wieder Nüsse.

Die große Liebe, mit der der Nussbaum geschenkt worden war, machte ihn unsterblich.

Als vor rund fünfzig Jahren das Berliner Fischerinsel-Viertel abgerissen wurde, verschwand mit den alten Häusern, in denen einst die Fischerfamilien gelebt hatten, auch das Wirtshaus »Zum Nussbaum«. Stattdessen wurden größere und modernere Häuser gebaut, damit möglichst viele Menschen eine Wohnung mit Bad und Zentralheizung bekamen.

Zum 750. Geburtstag Berlins im Jahre 1987 beschloss man, das Nikolaiviertel, das im Zweiten Weltkrieg zerstört worden war, wieder aufzubauen. Und weil die Gaststätte »Zum Nussbaum« so berühmt war, entschied man, auch sie wieder aufzubauen, obwohl sie ja eigentlich gar nicht hierher gehörte, sondern auf die Fischerinsel. Und natürlich wurde auch ein neuer Baum vor das Lokal gesetzt.

»DURCH DIE FAULHEIT DER WEIBER REICH GEWORDEN«

Das Berliner Nikolaiviertel gilt als die Wiege Berlins. Rund um die Nikolaikirche soll die Geschichte Berlins begonnen haben. Doch nach dem Zweiten Weltkrieg gab es dort nur noch Ruinen. Selbst die Kirche war fast vollständig zerstört. Erst zum 750. Geburtstag Berlins im Jahre 1987 wurde die Kirche wieder hergestellt und drum herum alte Häuser nachgebaut.

Nur das »Knoblauchhaus« direkt neben der Nikolaikirche ist noch ein wirklich altes Haus. Johann Christian Knoblauch ließ es um das Jahr 1760 erbauen. Für damalige Zeiten war es ein sehr großes und prächtiges Haus. Deshalb wurde Herr Knoblauch gefragt, wie er sich ein solches Haus leisten könne und er soll

geantwortet haben: »Ich bin durch die Faulheit der Weiber reich
geworden.«

Herr Knoblauch war Unternehmer. Er betrieb eine Manufaktur – so wurden die ersten Fabriken genannt. Bis dahin hatte ein
Handwerker jedes Ding ganz allein hergestellt. Ein Schneider
nahm zuerst Maß, das heißt, er vermaß den Menschen, für den er
etwas schneidern sollte, ganz genau. Dann schnitt er den Stoff zu,
heftete ihn zusammen, ließ anprobieren und nähte schließlich das
Kleidungsstück fertig. In der Manufaktur wurde die Herstellung
eines Produktes in viele Arbeitsgänge zerlegt und jeder Arbeits-

gang von einer anderen Person ausgeführt. Dadurch konnte die Arbeit auch von Frauen und Kindern, die kein Handwerk gelernt hatten, und später in der Fabrik von Maschinen übernommen werden. Das Wort Manufaktur drückt aus, dass dort noch alles mit der Hand hergestellt wurde: »Manu« heißt Hand und »faktur« fertigstellen.

In der Manufaktur von Herrn Knoblauch wurden Seidenfäden gesponnen, aus denen Perücken geknüpft wurden. Weil immer mehr Frauen zu faul seien, ihre eigenen Haare zu frisieren, würden sie seine Perücken kaufen und ihn reich machen, glaubte Herr Knoblauch.

Die Haarmode für Frauen war damals sehr aufwendig. Zur Zeit des Rokoko, Mitte des 18. Jahrhunderts, wurden die Haartürme immer höher und höher. Kaum eine Frau hatte so lange Haare, dass sie dafür ausreichten. Und weil die eigenen Arme zu kurz waren, um die Haare so hoch aufzustecken, wurde eine Zofe oder ein Friseur gebraucht. Die zu bezahlen, kostete nicht nur viel Geld, die Frisur kostete auch viel Zeit. Denn es dauerte mehrere Stunden bis sie fertig war.

Den meisten Berliner Bürgerinnen fehlten das Geld und die Zeit für diese Haarmode, denn sie arbeiteten von morgens früh bis abends spät in ihrem Haushalt. Damals wurde noch fast alles von den Frauen eigenhändig hergestellt. Es gab keine Fertiggerichte zu kaufen, das Gemüse musste selbst geputzt und geschnitten werden. Butter wurde noch von Hand aus Milch gemacht und Brot musste selbst gebacken werden. Auch Wasch- oder Spülmaschinen und andere moderne Küchenhilfen waren noch nicht erfunden. Der Ofen wurde noch nicht mit Gas oder Strom betrieben, sondern mit Holz geheizt, das selbst gehackt werden musste. Kleider wurden selbst genäht, Pullover gestrickt und Decken bestickt, das Garn selbst gesponnen und die Stoffe gewebt. Und wenn ein Kleidungsstück ein Loch hatte, wurde es nicht weggeworfen, sondern gestopft.

Auch wenn die Berliner Bürgersfrauen eine Magd für die schweren Arbeiten hatten, war der ganze Tag mit Hausarbeiten ausgefüllt. Kam Besuch oder wollten die Hausfrauen ausgehen, blieb nur wenig Zeit, um sich schick zu machen. Eine Perücke brauchte nur aufgesetzt zu werden und schon war die modische Frisur fertig. Das Aschenputtel sah aus wie eine Prinzessin, die nicht den ganzen Tag hart arbeiten musste. Und es sah so aus, als ob sich »das bisschen Haushalt« von ganz alleine erledige oder von fleißigen Heinzelmännchen gemacht würde.

Wie reiche bürgerliche Familien vor zweihundert Jahren gelebt haben, könnt ihr euch in dem Museum ansehen, das heute im »Knoblauchhaus« untergebracht ist. Dort erfahrt ihr auch einiges über die Geschichte der Familie Knoblauch. Über die »Faulheit der Weiber« findet ihr dort allerdings ebenso wenig wie über fleißige Hausfrauen.

DIE BRÜDERSTRASSE

Der Sage nach lebten einst drei Brüder in der Brüderstraße. Sie vertrugen sich so gut und hatten sich so gern, dass sie statt zu heiraten, ihr ganzes Leben lang zusammenbleiben wollten. Doch als sie erwachsen wurden, verliebten sich alle drei.

Damit die anderen Brüder nichts davon erfuhren, traf sich jeder
heimlich mit seiner Liebsten.

Nach einiger Zeit aber flog alles auf und die drei Brüder stellten fest, dass sie alle drei dasselbe Mädchen zur Freundin hatten.
Jedem von ihnen hatte sie versichert, nur ihn ganz allein zu lieben.
Das Mädchen hatte sie betrogen und sich obendrein noch lustig
über sie gemacht. Deshalb hielten die Brüder nun alle Frauen für
schlecht und böse und wollten nie mehr etwas mit ihnen zu tun
haben.

Die drei Brüder erneuerten ihren Schwur, niemals zu heiraten
und ein Leben lang zusammenzubleiben. Um aber ganz sicherzu-
gehen, dass sie sich in Zukunft nicht doch wieder von schönen
Frauen verführen lassen würden, traten sie in ein Kloster ein und
wurden Mönchsbrüder.

Wie alle Sagen hat auch diese einen wahren Kern: In der Brüderstraße in Berlin-Mitte existierte einst wirklich ein Kloster.
Dominikanermönche gründeten es um das Jahr 1300. Es befand

sich dort, wo heute die Breite Straße zwischen dem ehemaligen DDR-Staatsratsgebäude und dem Schlossplatz entlang führt. Das Kloster wurde im Jahre 1536 aufgelöst und die Klosterkirche fortan als Schlosskirche und Dom genutzt.

Die Ansicht, dass Frauen schlechtere Menschen als Männer seien, war im Mittelalter sehr verbreitet. Schon in der Bibel war es eine Frau, die die erste Sünde beging. Gott hatte es den Menschen verboten, vom Baum der Erkenntnis zu essen. Doch Eva ließ sich vom Teufel in Gestalt einer Schlange verführen, pflückte einen Apfel vom verbotenen Baum, biss selbst hinein und gab auch Adam davon zu essen. Zur Strafe wurden die Menschen aus dem Paradies vertrieben und mussten von nun an hart arbeiten, um zu überleben.

Die Dominikaner hatten vom Papst die Aufgabe bekommen, überall in der Welt das Böse aufzuspüren. Auf sie geht auch der »Hexenhammer« zurück. In diesem Buch, das 1486 erschien, stand, woran eine Hexe zu erkennen ist, wie sie dazu gebracht wird, die Hexerei zu gestehen, und dass alle Hexen auf dem Scheiterhaufen verbrannt werden sollen.

Zu dieser Zeit wurde der Buchdruck erfunden. Nun mussten Bücher nicht mehr mühsam per Hand abgeschrieben werden, um sie zu vervielfältigen. Dadurch konnte sich der »Hexenhammer« in kurzer Zeit verbreiten und überall begann die Verfolgung der Hexen.

DER »HEXENHAMMER«

Lange Zeit waren Hexen sehr geachtet. Sie galten als weise Frauen, die mehr als andere Menschen über Natur und Kräuter, Krankheiten und Heilmöglichkeiten wussten. Wenn sie Menschen und Tieren halfen, wurden sie reich belohnt. Nur wenn ihr Zauber anderen Schaden zufügte, wenn zum Beispiel ein Kranker durch die Hexenmedizin starb, wurden sie bestraft.

In Berlin wurde im Jahre 1390 eine Frau wegen Zauberei angeklagt. Walpurga hatte ihrer Nachbarin Birnen geschenkt. Die war sehr krank geworden, nachdem sie die Birnen gegessen hatte. Walpurga gab ihr mehrere Male Medizin, für die die Nachbarin viel Geld bezahlte. Als sie nicht gesund wurde, zeigte sie Walpurga an. Andere Nachbarn traten als Zeugen auf. Sie sagten aus, Walpurga

halte einen Drachen als Haustier, der ihr beim Zaubern helfe. Nachts hätten sie gesehen, wie der Drache durch den Schornstein von Walpurgas Haus ein und aus geflogen sei. Da man glaubte, dass der Teufel sich in Gestalt eines Drachen unter den Menschen bewegt, galt als bewiesen, dass Walpurga mit dem Bösen im Bunde stand. Sie wurde verurteilt und auf dem Scheiterhaufen verbrannt.

Die Nacht vom 30. April zum 1. Mai ist nach ihr benannt: die Walpurgisnacht. Nach altem Aberglauben sollen die Hexen in dieser Nacht auf ihren Besen zum Brocken im Harz fliegen, um dort mit den Teufeln um das Feuer zu tanzen und wild zu feiern.

Im Jahre 1486 erschien der »Hexenhammer«. Dieses Buch unterschied nicht mehr zwischen guten und bösen Zauberinnen. Der »Hexenhammer« verlangte, alle Hexen auf dem Scheiterhaufen zu verbrennen. Und jede Frau konnte es treffen.

»Da es ihnen ein Laster von Natur ist, sich nicht regieren zu lassen, ... so streben sie nach der Hexerei«, heißt es im »Hexenhammer« über die Frauen. Alle Frauen und Mädchen, die nicht ihren Vätern, Brüdern und Ehemännern, dem Pfarrer, dem Bürgermeister, dem Fürsten oder dem König gehorchten, mussten damit rechnen, als Hexe verfolgt zu werden.

So mussten es die Frauen hinnehmen, dass ihnen verboten wurde, ein Handwerk auszuüben, um Arbeitsplätze für Männer zu schaffen. Das galt auch für Arbeiten, in denen Frauen besonders geschickt waren wie Nähen, Brotbacken oder Bierbrauen. Nur zu Hause für ihre Familien durften sie das noch machen, wo sie kein Geld dafür bekamen. Bis heute gibt es deshalb Berufe, in denen nur wenige Frauen arbeiten: Tischler, Drucker, Maurer ...

Aber es gab noch viele andere Gründe für die Hexenverfolgung. Hexen wurden für alle Probleme verantwortlich gemacht, zum Beispiel, wenn es ein Unwetter gab, dabei die Ernte vernichtete wurde und die Menschen hungern mussten. Wer seine Nachbarin nicht mochte und sie loswerden wollte, musste nur sagen, sie sei eine Hexe. Eine Frau als Hexe anzuzeigen, war auch eine Möglichkeit,

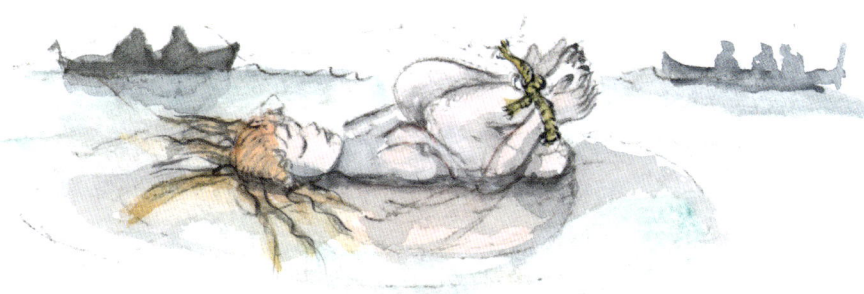

an ihren Besitz – Haus, Schmuck oder Kleider – zu kommen. Den gab es nämlich als Belohnung.

Und wenn die Frauen bei der Verhaftung abstritten, Hexen zu sein? Dann wurden sie solange gefoltert, bis sie alles zugaben, was man von ihnen hören wollte. Oder sie wurden einer Hexenprobe unterzogen: Hände und Füße wurden mit einem Seil zusammengebunden und dann wurden sie ins Wasser geworfen. Wenn sie nicht untergingen, hatte ihnen der Teufel geholfen. Die meisten gingen aber unter und ertranken. Dann galten sie als unschuldig.

Im Jahre 1727 wurde die letzte Frau in Berlin wegen Hexerei angeklagt. Dorothea Steffin war von ihrem Vater nach dem Wedding zum Müller geschickt worden. Das junge Mädchen sollte fragen, ob das Getreide gemahlen sei. Der Wedding lag damals noch vor den Toren der Stadt und auf dem Weg dorthin war Dorothea von einem Mann überfallen worden, der ihr Gewalt antat. Dabei floss Blut. Der Mann erklärte ihr, sie habe einen Blutspakt mit dem Teufel geschlossen und dürfe mit niemand darüber reden. Doch Dorothea zeigte sich selbst an. Ihr wurde der Hexenprozess gemacht und sie wurde zum Tode verurteilt. Doch sie wurde nicht verbrannt. Der preußische König begnadigte Dorothea Steffin zu lebenslangem Arbeitshaus. Dort musste sie Stoffe für die Uniformen der Soldaten des Königs weben.

SICH DIE BUTTER NICHT VOM BROT
NEHMEN LASSEN

Habt ihr dieses Sprichwort schon einmal gehört? Wisst ihr, was
es bedeutet und woher es kommt? In Sprichwörtern oder Rede-
wendungen drücken Menschen Erfahrungen aus, die sie gemacht
haben, und geben Tipps an andere weiter, zum Beispiel: »Der Klü-
gere gibt nach.« Da Sprichwörter meist alt sind, vermitteln sie
auch, wie Menschen früher gelebt haben.

Es sollen die Berliner Fischweiber gewesen sein, die sich die
Butter nicht vom Brot nehmen ließen. Fischweiber verkauften
auf den Märkten Fische, die in der Spree oder anderen Berliner
Gewässern gefangen wurden. Sie waren auf jedem Berliner Markt
der Mittelpunkt.

Fisch war eines der wichtigsten Lebensmittel für die Berliner.
Weil es viele Flüsse und Seen in und um Berlin gab und viele
Fische darin schwammen, war Fisch billiger als Fleisch. Die Fische
wurden lebend gefangen und verkauft. Wer einen Fisch haben

wollte, suchte ihn sich aus dem Bottich der Fischweiber aus. Und dann wurde über den Preis verhandelt.

Die Berliner Fischweiber sollen dabei sehr geschäftstüchtig gewesen sein. Es war sehr schwer, den Preis herunterzuhandeln. Und wenn die Fischweiber ihre Fische zu guten Preisen verkaufen konnten, nahmen sie so viel Geld ein, dass sie für ihre Familie nicht nur Brot, sondern auch Butter kaufen konnten.

Butter war damals Luxus, den sich in der Stadt, wo es keine Kühe gab, nur wenige leisten konnten. In armen Familien musste das Brot oft trocken gegessen werden oder es reichte nur für Schmalz. Für viele war selbst Brot zu teuer. Sie aßen Brei oder Suppe. Und die Suppe bestand häufig aus reichlich Wasser.

In den Fischerfamilien waren die Männer für den Fischfang zuständig. Doch es nützte gar nichts, wenn ihnen viele Fische ins Netz gingen. Erst wenn die Fische verkauft wurden, konnte die Familie davon leben. Die Geschäftstüchtigkeit der Fischweiber war also genauso wichtig wie das Geschick der Männer beim Fischen. Dass Frauen selbst beim Fangen der Fische erfolgreicher als die Männer sein konnten, davon berichtet die Sage vom Frauentog in Köpenick. Doch das ist schon die nächste Geschichte ...

DER KÖPENICKER FRAUENTOG

Am Frauentog hinter dem Köpenicker Schloss an der Müggelheimer Straße steht ein Denkmal für die Wäscherinnen. Es erinnert daran, dass hier am Ufer der Dahme früher der Waschplatz der Köpenicker Frauen war. Als es noch keine Wasserleitungen gab, war es für die Frauen einfacher, die Wäsche zum Waschen ans Wasser zu bringen als das viele Wasser, das zum Waschen benötigt wurde, in Eimern vom Fluss nach Hause zu tragen.

Heute, wo zu Hause mit der Waschmaschine gewaschen wird, sieht niemand, wie viel Arbeit das macht. Die Maschine nimmt zwar schwere Arbeiten wie Schmutz rausbürsten oder ausringen ab, aber es bleibt noch vieles zu tun übrig: sortieren, aufhängen, zusammenlegen, bügeln ... Außerdem wird heute viel öfter gewaschen als früher.

Die feinen Leute trugen früher Samt und Seide, beides Stoffe, die nicht gewaschen werden durften. Sie wurden nur zum Lüften aufgehängt. Flecken wurden mit Tricks entfernt. Bei einem Grasfleck hilft zum Beispiel Essig oder Zitrone. Auch arme Leute mussten aufpassen, dass ihre Kleider nicht schmutzig wurden. Sie hatten nur wenige Kleidungsstücke und konnten sie deshalb nicht wechseln. Damit entfiel auch bei ihnen das Waschen. Gewaschen wurden vor allem Bettwäsche, Handtücher, Tischtücher und Vorhänge.

Solange die Frauen noch draußen am Waschplatz die Wäsche wuschen, sahen alle, was das Waschen für eine schwere Arbeit war und wie fleißig die Wäscherinnen waren. Davon berichtet ein altes Berliner Kinderspiel:

Zeigt her eure Füßchen,
zeigt her eure Schuh und
sehet den fleißigen Waschweibern zu.
Sie waschen, sie waschen,
sie waschen den ganzen Tag;
sie waschen, sie waschen den ganzen Tag.
Sie spülen den ganzen Tag.
Sie wringen den ganzen Tag.
Sie hängen den ganzen Tag.
Sie legen den ganzen Tag.
Sie rollen den ganzen Tag.
Sie plätten den ganzen Tag.

Am Waschplatz trafen die Wäscherinnen andere Frauen. Sie halfen sich gegenseitig und unterhielten sich während der Arbeit. Bis heute sind die Waschweiber wegen ihres Klatsches und Tratsches berüchtigt. In Wirklichkeit waren sie, in einer Zeit als es noch keine Zeitungen, kein Radio, kein Fernsehen, kein Telefon, kein Handy und kein Internet gab, am besten informiert. Am Waschplatz erfuhren die Frauen von den anderen Wäscherinnen das Neueste, sie tauschten wichtige Tipps aus für ihre Arbeit, den Haushalt, Krankheiten und vieles anderes mehr. Und sie machten Politik: Sie diskutierten über alle Angelegenheiten der Nachbarschaft und trafen Entscheidungen.

Auch die Köpenicker Männer kamen zum »Frauentog«. Sie fuhren von hier mit ihren Booten zum Fischen auf die Dahme und Spree hinaus. Neugierig wurden sie von den Wäscherinnen erwartet, die wissen wollten, was die Männer gefangen hatten.

Eines Tages nun kamen die Fischer mit leeren Netzen zurück. Die Frauen am Ufer machten sich über die Männer lustig. »Dann macht's doch besser!«, antworteten die Männer den Frauen. Die ließen sich das nicht zweimal sagen. Sie stiegen in die Boote, ruderten hinaus und warfen die Netze aus. Und es wurde der größte Fischfang, den Köpenick je gesehen hatte. Zur Erinnerung

an diesen erfolgreichen Fischzug der Frauen wurde der Platz am Ufer der Dahme fortan »Frauentog« genannt. »Tog« ist ein altes Wort für Zug.

Die Sage vom »Frauentog« gibt es auch ohne den Triumph der Frauen über die Männer. Im Dreißigjährigen Krieg, als die Menschen immer weniger zu essen hatten, soll eine Köpenickerin von einem riesigen Fischfang geträumt haben. Beim Waschen am Ufer der Dahme erzählte sie den anderen Frauen von ihrem Traum. Die Frauen warfen die Netze aus, der Traum wurde wahr und die Menschen in Köpenick wurden vor dem Verhungern gerettet.

MUTTER LUSTIG

Ein Reisender kam auf seinem Weg durch Köpenick. Doch am Schloss versperrte ein langer Zug von Menschen, der gar kein Ende nehmen wollte, seiner Kutsche die Weiterfahrt. Der Reisende sah, dass die Menschen hinter einem Sarg hergingen. Es muss eine Prinzessin aus dem Schloss gestorben sein, wenn so viele Menschen trauern, dachte der Reisende. Doch als er die Leute aus dem Begräbniszug danach fragte, antworteten sie ihm empört: »Keine Prinzessin! Unsere Mutter Lustig ist gestorben!«

Im Alter von achtzig Jahren war Henriette Lustig im Jahre 1888 gestorben. 17 Kinder hatte sie geboren und großgezogen. Und weil das Geld, das ihr Mann als Tagelöhner bekam, für die große Familie nicht reichte, hatte sie mitverdienen müssen. Doch all das war für Frauen damals nichts Besonderes. Als »Mutter Lustig« verehrten die Köpenicker sie, weil sie ihnen einen neuen Geschäftszweig beschert hatte.

Außer der Wäsche für ihre eigene vielköpfige Familie hatte Henriette Lustig für Geld die Wäsche von anderen Leuten gewaschen. Da sie selbst blutige Metzgerkleidung wieder weiß bekam, wollten bald so viele Leute bei ihr die Wäsche waschen lassen, dass sie andere Frauen einstellen musste. Im Jahre 1835 meldete sie die erste Lohnwäscherei Köpenicks an. Und bald arbeiteten zehn Wäscherinnen in ihrem Betrieb. Andere Köpenickerinnen machten es ihr nach und gründeten eigene Wäschereien.

Die Berliner Hausfrauen ließen ihre Wäsche gerne in Köpenick waschen, weil das Wasser der Dahme weicher war als das der Spree. Und je weicher das Wasser, umso schonender ist das Waschen und umso sauberer und schöner wird die Wäsche. Waschmittel, die die Wäsche weich machen, wurden erst später erfunden.

Das Flusswasser war in Köpenick auch viel sauberer als das in Berlin. In Köpenick mündet die Dahme in die Spree und zusammen fließen sie von da aus ins Berliner Zentrum. Je weiter sie aber nach Mitte kamen, umso schmutziger wurde das Wasser. Denn erst wenige Jahre bevor Henriette Lustig starb, begann man in Berlin eine Kanalisation zu bauen. Zuvor wurden die meisten Abfälle und Abwässer, auch Kot und Urin einfach in die Spree gekippt.

Das weiche und saubere Wasser war der Vorteil der Köpenicker Wäscherinnen. Von Nachteil war der weite Weg, den sie nach Berlin zurücklegen mussten, um die schmutzige Wäsche dort abzuholen und die saubere zurückzubringen. Mehr als 15 Kilometer sind es von Alt-Köpenick bis zum Berliner Rathaus. Die legte Henriette Lustig ein- bis zweimal die Woche zu Fuß zurück. Die Wäsche trug sie in einer Kiepe auf dem Rücken. Erst als sie immer mehr Aufträge bekam, konnte sie es sich leisten, einen Kutscher mit einem Wagen mit dem Wäschetransport zu beauftragen. Im Jahre 1855, als die Zahl der Wäschereien in Köpenick auf mehr als 200 angestiegen war, kauften alle gemeinsam ein »Wäscheboot«, das jeden Tag auf der Spree nach Berlin fuhr und wieder zurück.

Um das Jahr 1900 gab es mehr als 800 Wäschereien in Köpenick. Dazu gehörten auch zwei Großunternehmen mit mehr als tausend Beschäftigten. Nach der Firma Spindler, die 1873 ihre Wäscherei von Berlin nach Köpenick verlegt hatte, heißt heute noch ein ganzer Stadtteil: Spindlersfeld. Gewaschen wird in den alten Gebäuden von Spindler seit Anfang der 1990er Jahren nicht mehr, nachdem das DDR-Wäschereikombinat REWATEX verkauft wurde.

Die Wäscherei von Henriette Lustig wurde nach deren Tod von einer ihrer Töchter weitergeführt, dann von einer Enkelin. Im Jahre 1914 musste sie schließen. Die kleinen Wäschereien konnten immer weniger mit den großen konkurrieren. Die neuen Maschinen, die die großen Wäschereibetriebe einsetzten, waren für die kleinen zu teuer. Im Jahre 1919 schlossen sie sich deshalb in einer Genossenschaft zusammen, die bis 1991 existierte.

Auch das einzigartige, private Wäschereimuseum gibt es leider nicht mehr. Aber im Heimatmuseum in Köpenick könnt ihr einen Eindruck davon bekommen, wie früher gewaschen wurde. Da sind Waschbretter zu sehen, eine riesige Wäschemangel und vieles andere mehr.

An Henriette Lustig erinnert eine Gedenktafel an ihrem Haus, am Alten Markt 4:

»IN DIESEM HAUS LEBTE UND ARBEITETE DIE WÄSCHERIN
HENRIETTE LUSTIG
2.2.1808–23.11.1888
›MUTTER LUSTIG‹
AB 1835 BETRIEB SIE DIE ERSTE LOHNWÄSCHEREI
UND WURDE DAMIT ZUR BEGRÜNDERIN
DER WÄSCHEREI ALS GEWERBE UND DIENSTLEISTUNG.
IN DER FOLGEZEIT ENTWICKELTE SICH KÖPENICK
ZUR ›WASCHKÜCHE‹ BERLINS.«

DIE EMMERWEIBER

Wenn die Berliner und Berlinerinnen schlafen gingen, dann begannen die Emmerweiber mit ihrer Arbeit. Emmerweiber wurden sie genannt, weil sie Eimer schleppten. Und weil das, was sie in den Eimern transportierten, fürchterlich stank, durften sie ihre Arbeit nur nachts verrichten, damit niemand von den Gerüchen belästigt wurde. Die Emmerweiber waren die Müllmänner Berlins.

Zur Zeit der Emmerweiber bestand der Müll noch nicht aus Plastiktüten, Blechdosen und anderen Verpackungen, sondern vor allem aus Fäkalien. Bevor im Jahre 1873 in Berlin mit dem Bau einer Kanalisation begonnen wurde, gab es noch keine Toiletten, in denen Urin und Kot weggespült werden konnte. Die Fäkalien wurden auf die Straße gekippt, bis der Kurfürst es verbot. Im Jahre 1670 ordnete Friedrich Wilhelm an, dass aller Unrat in Eimern gesammelt wird und diese nachts in den Gewässern Berlins zu entsorgen seien.

Doch wer sollte die stinkenden und schweren Eimer zum nächsten Fluss tragen? Niemand wollte diese Arbeit machen, die nicht einmal gut bezahlt wurde. Nur einen Groschen gab es pro Eimer. Aber Frauen konnten nicht wählerisch sein. Sie mussten froh sein, überhaupt Arbeit zu finden. Um Arbeitsplätze für Männer zu schaffen, waren sie aus allen Handwerksberufen ausgeschlossen worden. Für Frauen mit Kindern war es zudem ein Vorteil, dass die Emmerweiber nachts arbeiteten.

Bis ins Jahr 1848 blieb die Müllabfuhr in Berlin Frauenarbeit. Dann bestimmte die Stadt, dass die Fäkalien nur noch auf Rieselfeldern außerhalb der Stadt entsorgt werden durften. Zu diesem Zweck wurde eine städtische Latrinenanstalt gegründet, der das Monopol der Müllentsorgung übertragen wurde. Das heißt, ab sofort durfte niemand mehr außer der Latrinenanstalt Müll oder Fäkalien aus den Häusern abholen.

Da der Weg zu den Rieselfeldern weiter war als der zu den Gewässern, in die der Abfall bisher entsorgt wurde, setzte man Wagen
zum Transport der Eimer ein. Pferdekutscher waren traditionell
Männer. Deshalb wurden auch die Wagen der Latrinenanstalt von
Männern gefahren, die auch das Auf- und Abladen der Eimer
übernahmen. Und weil jetzt alle hohe Gebühren für die Müllabfuhr bezahlen mussten, konnten die Müllkutscher gut bezahlt werden. So war aus der schweren und schlechtbezahlten Frauenarbeit
leichtere und gutbezahlte Männerarbeit geworden.

Im Jahre 2007 haben die Berliner Müllmänner übrigens eine
Chefin bekommen. Ob Vera Gäde-Butzlaff dafür sorgen wird, dass
es bald auch wieder Müllfrauen in unserer Stadt gibt? Zumindest
Fahrerinnen für die Müllautos werden schon gesucht.

WIE DIE KARTOFFEL NACH BERLIN KAM

Im Jahre 1646 heiratete der junge Kurfürst Friedrich Wilhelm die reiche holländische Prinzessin Luise Henriette von Oranien. Das war gegen Ende eines Krieges, der dreißig Jahre gedauert hatte. Viele Männer waren bei den Kämpfen umgekommen, auch Frauen, Kinder und alte Menschen wurden getötet, viele starben an Seuchen und Hunger. In Berlin überlebten nur rund vierhundert Familien.

Das junge Fürstenpaar im Berliner Schloss wollte nicht nur das Land wieder aufbauen, Friedrich Wilhelm und Luise Henriette träumten davon, ein Paradies auf Erden zu errichten. Ermöglichen sollte dies die Mitgift der Prinzessin. Luise Henriette brachte nicht nur viel Geld, sondern auch sechstausend Menschen und vieles andere aus ihrer Heimat Holland mit, was man in Berlin bis dahin nicht kannte.

Acht Tulpenzwiebeln bekam Luise Henriette von ihrem Vater zur Hochzeit geschenkt. Jede war eine Million wert. Die Holländer, die mit ihren Schiffen weltweit Handel trieben und Kolonien in fernen Ländern besaßen, hatten die Tulpen aus Persien nach Holland eingeführt, wo man bereit war, jeden Preis für diese neue Blume zu bezahlen. In Berlin wurden die acht Tulpenzwiebeln im Lustgarten des Schlosses eingepflanzt. Und damit die wertvollen Blumenzwiebeln nicht gestohlen wurden, musste Tag und Nacht ein Wächter auf sie aufpassen. Doch im kalten Berliner Winter erfroren die Blumen aus dem warmen Persien.

Als robuster erwies sich eine anderen Pflanze, die auch zu den Mitbringseln Luise Henriettes gehörte und die wie die Tulpenzwiebeln im Lustgarten angepflanzt wurde: die Kartoffelknolle. Sie war aus Lateinamerika über Spanien in die Niederlande gelangt. Die Kartoffeln gediehen im Berliner Klima und dem Sandboden hervorragend. Doch die Einheimischen reagierten sehr skeptisch auf das neue Gewächs. »Schweinefutter«, sagten sie dazu. Und:

»Das Kraut ist nicht einmal als Tabak in der Pfeife zu gebrauchen!« Erst hundert Jahre später gelang es dem Urenkel von Luise Henriette, Friedrich II., den Anbau der Kartoffel in der Mark Brandenburg durchzusetzen.

Holland ist bis heute für seine Kanäle berühmt. Das Land liegt am Meer und war deshalb immer von Hochwasser bedroht. Mit den Kanälen leiteten die Holländer nicht nur das Wasser von Überschwemmungen ab, sondern gewannen dem Meer auch neues Land ab. In Berlin legten die Holländer, die mit Luise Henriette kamen, Sumpfland trocken, das bislang nicht bebaut werden konnte. Die Kanäle, die sie dafür anlegten, verbesserten auch die Transport- und Handelsmöglichkeiten der Berliner mit dem Schiff.

Bekannt ist Holland auch für seinen Käse. Luise Henriette von Oranien ließ in ihrem Sommerschloss in dem Dorf Bötzow, das nach ihr in Oranienburg umbenannt wurde, eine Meierei einrichten. Dort wurde die Milch von den Bauernhöfen des Dorfes zu Butter und Käse für den Hof der Kurfürstin verarbeitet. Die jungen Bauerntöchter aus Oranienburg mussten nun nicht mehr wie andere Milchmädchen aus den Bauerndörfern den weiten Weg nach Berlin machen, um ihre Milch dort auf den Märkten zu verkaufen.

Luise Henriette wurde nur 39 Jahre alt. Sie starb im Jahre 1667. Ein Jahr nach ihrem Tod heiratete der Kurfürst Dorothea von Glücksburg-Lüneburg. Zur Hochzeit wünschte sich seine zweite Frau Land. Dorothea wusste, dass die drei Söhne von Luise Henriette den Kurfürsten einst beerben werden, also musste sie für ihre Kinder selbst sorgen.

Die neue Kurfürstin erhielt Land an der Oder, in Potsdam und vor den Toren Berlins. Auch der Weg ihres Mannes zur Jagd in den Tiergarten führte über ihr Land. Dorothea ließ ihn mit Linden säumen, so entstand Berlins berühmteste Straße Unter den Linden. Den Grund und Boden links und rechts dieser neuen Straße ließ sie in Bauplätze unterteilen, die sie teuer verkaufte oder selbst bebauen ließ. Berlins erstes Stadtviertel vor den Toren wurde nach der Kurfürstin Dorotheenstadt und die Straße, die mitten hindurch führte, Dorotheenstraße genannt. Vor dem Spandauer Tor, am heutigen Hackeschen Markt, und der nach ihrer Vorgängerin Luise Henriette von Oranien benannten Oranienburger Straße, ließ Dorothea Bauernfamilien ansiedeln und am heutigen Monbijoupark ließ sie wie Luise Henriette in Oranienburg eine Meierei zur Verarbeitung von Milch bauen.

Was wäre wohl ohne Luise Henriette und Dorothea aus Berlin geworden nach dem Dreißigjährigen Krieg? Doch nicht die beiden Kurfürstinnen, sondern ihr Mann ist als der Große Kurfürst in die Geschichte eingegangen, weil er eine Schlacht gegen die Schweden bei Fehrbellin gewonnen hat.

MODE VON DER STANGE

Im Jahre 1671 erlaubte der Kurfürst Friedrich Wilhelm fünfzig reichen jüdischen Familien, die aus Wien vertrieben worden waren, sich in Berlin niederzulassen. Über viele Jahrhunderte wurden Menschen jüdischen Glaubens nur geduldet, so lange sie gebraucht wurden. Vor allem als Händler und als Geldbeschaffer waren sie gefragt. Landwirtschaft oder ein Handwerk durften Juden nicht betreiben.

Die reiche Mitgift von Luise Henriette von Oranien, der ersten Frau des Kurfürsten, die im Jahre 1667 gestorben war, war verbraucht. Friedrich Wilhelm benötigte neue Geldquellen. Um die Kassen zu füllen, mussten die jüdischen Familien, die im Jahre 1671 nach Berlin kommen durften, viele Abgaben zahlen. Zu den Auflagen, die ihnen gemacht wurden, gehörte auch, dass sie die gebrauchten Ballkleider des Berliner Hofes aufkaufen mussten.

Die Adelsfamilien in Berlin und der Mark Brandenburg waren nicht sehr wohlhabend. Ihre Güter waren häufig nicht viel größer als Bauernhöfe und ihre Einnahmen daraus sehr bescheiden. Es fehlte das Geld, um für jeden Hofball neue Ballkleider machen zu lassen. Doch es wäre eine Blamage gewesen, wenn die Töchter und Ehefrauen im selben Kleid wie beim letzten Ball erschienen wären. Auch das Aschenputtel aus dem Märchen kam an den drei Ballabenden jedes Mal in einem neuen und noch schöneren Kleid zum Tanz mit dem Prinzen.

Das Problem der nicht bezahlbaren Ballkleider wurde auf die Juden abgewälzt. Mit dem Geld, das sie beim Kauf für das alte Kleid zahlen mussten, konnte ein Neues finanziert werden. Die Besitzerin des alten Kleides durfte den Preis bestimmen. »Was kostet ein neues noch prächtigeres Kleid?«, fragte sie ihren Schneider und so viel Geld verlangte sie dann von den Juden für das alte.

Doch was sollten die Juden mit den Ballkleidern, die sie kaufen mussten, anfangen? Zu den Bällen im Schloss war nur der Adel

eingeladen. Niemand sonst wurde eingelassen, am allerwenigs-
ten die nur geduldeten Juden. So versuchten sie, die gebrauchten
Ballkleider weiterzuverkaufen, um wenigstens einen Teil des Gel-
des, den sie dafür hatten zahlen müssen, zurückzubekommen. Im
Verkauf alter Sachen kannten sie sich aus. Ihr Handel war darauf
beschränkt, weil neue Dinge nur von den Handwerkern verkauft
werden durften, die sie hergestellt hatten.

Die Nachfrage nach den gebrauchten Ballkleidern war gewaltig.
Viele junge Mädchen träumten davon, einmal mit einem Prinzen
zu tanzen. Und wenn sie schon nicht eingeladen waren ins Schloss
zu den Hofbällen, dann wollten sie wenigstens ein Ballkleid haben,
das eine Prinzessin getragen hatte oder ein Mädchen, das mit
einem Prinzen getanzt hatte. So viele Berlinerinnen wollten ein
solches Ballkleid haben, dass die wenigen Kleider vom kleinen
Berliner Hof nicht ausreichten, die Nachfrage zu befriedigen. Man
müsste die Ballkleider nachmachen können, überlegten die Juden,
die Geld brauchten, um die vielen anderen Auflagen und Abgaben
zu bezahlen, damit sie in Berlin bleiben durften.

51

Doch vor dreihundert Jahren war jedes Kleid, jede Hose, jeder Rock einmalig. Die Schneider fertigten jedes Kleidungsstück nach Maß an. Wenn eine Frau ein Kleid bestellte, dann wurde die Länge der Arme und des Körpers, der Umfang an Brust und Hüfte gemessen. Und nach diesen Maßen, die bei jedem Menschen verschieden sind, nähte der Schneider das Kleid. Auch der Stoff, die Spitzen und die Rüschen waren bei jedem Kleid anders, weil die Kundin sie sich aussuchte. Bei den armen Leuten, die sich keinen Schneider leisten konnten, nähten Frauen aus der Familie die Kleidungsstücke. Aus Stoffresten oder selbstgewebten Stoffen zusammengenäht, wurde auch jedes einzigartig.

Nur die Uniformen der Soldaten waren gleich. Sonst hätte man ja nicht gewusst, wer zu welcher Armee und welcher militärischen Einheit gehört. Die Uniformschneider nähten nach einer Vorlage, die sie immer wieder kopierten. Weil sie schlechter als die Maßschneider bezahlt wurden, erklärten sie sich bereit, für die Juden die Ballkleider nachzumachen, um etwas dazu zu verdienen. Und vielleicht wollten sie auch einmal etwas Schöneres nähen als immer nur Uniformen für Soldaten.

Die Ballkleider wurden nicht nur einfach kopiert. Wie bei den Uniformen wurden auch sie in verschiedenen Größen hergestellt, für dünne und dicke, für kleine und große Frauen – so wie es heute die Kleider in den Geschäften auch in verschiedenen Konfektionsgrößen zu kaufen gibt.

Konfektion bedeutet »fertig gemacht«. So werden Kleider genannt, die es im Laden fertig zu kaufen gibt. Sie müssen nicht erst bestellt und genäht werden, sie können sofort anprobiert und gleich mitgenommen werden. Weil sie zum Aussuchen im Laden auf eine Stange gehängt werden, wurden die Fertigkleider auch »Mode von der Stange« genannt.

Berlin entwickelte sich zum Zentrum der Konfektion. Im Jahr 1900 stammte neunzig Prozent der deutschen Damenmode aus Berlin, bei Kinderkleidern und Herrenkonfektion war es ungefähr die Hälfte. Durch die Verfolgung und Ermordung der Juden in der Nazizeit ab dem Jahre 1933 und durch den Zweiten Weltkrieg in den Jahren 1939 bis 1945 ist nichts davon übrig geblieben.

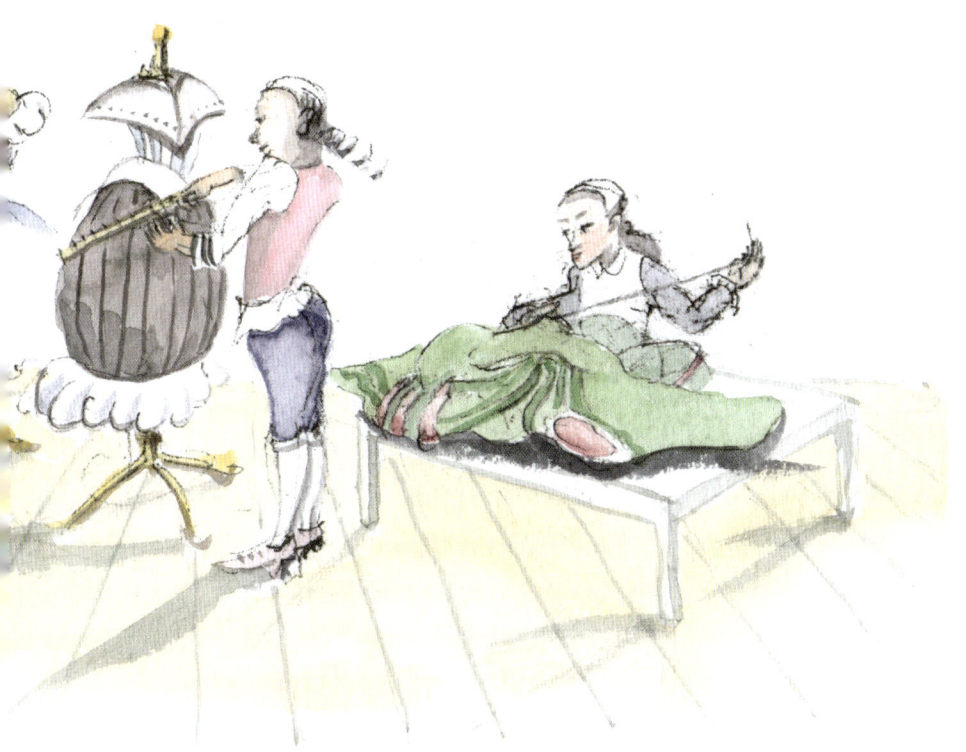

An die große Zeit der Berliner Konfektion und die jüdischen Konfektionsunternehmen erinnert ein Denkmal am Hausvogteiplatz, wo viele Modefirmen ihren Sitz hatten. Das Denkmal besteht aus Spiegeln, wie man sie beim Anprobieren von Kleidern benutzt. Die Spiegel stehen vor dem Eingang zum U-Bahnhof am Hausvogteiplatz. Und wenn ihr die Treppe zur U-Bahn hinuntersteigt, könnt ihr auf den Treppenstufen einige Namen von den Besitzern der ehemaligen Modefirmen lesen.

BERLINS ERSTE NACHRICHTENAGENTUR

»Ich geh' mal zu den Jungfern an der Brücke«, sagten die Berliner, wenn sie wissen wollten, was es Neues gab, als noch kein Internet, kein Radio, kein Fernsehen, ja nicht einmal Zeitungen existierten. Bald wurde die Brücke, an der drei hugenottische Jungfern ihren Weißzeugstand betrieben und immer das Neueste zu erzählen wussten, die Jungfernbrücke genannt. Diesen Namen trägt die mehr als dreihundert Jahre alte Ziehbrücke an der Friedrichsgracht bis heute.

Jungfern sagte man früher zu Frauen, die nicht verheiratet waren. Und Hugenotten waren Menschen, die aufgrund ihres Glaubens aus Frankreich fliehen mussten. Im Jahre 1685 hatte der Große Kurfürst 20.000 hugenottische Flüchtlinge in Berlin und der Mark Brandenburg aufgenommen. Das geschah nicht nur aus Solidarität mit den Glaubensbrüdern und -schwestern: Die Hugenotten galten als ausgezeichnete Handwerker und Unternehmer.

In ganz Berlin soll es kein Weißzeug gegeben haben, das so schön und mit so feiner Spitze verziert war, wie das der Hugenottinnen an der Jungfernbrücke. Als Weißzeug wurde alles bezeich-

net, was aus weißem Stoff hergestellt wurde: Bettwäsche, Tischwäsche und Unterwäsche. Herrschaftliche Kutschen mit vornehmen Damen kamen zur Jungfernbrücke, und sogar ins Schloss wurden die Jungfern von der Brücke eingeladen, um den Prinzessinnen ihr Weißzeug vorzuführen.

Die Jungfern verkauften das Weißzeug nicht nur, sie stellten es auch selbst her. Dass bei den Hugenotten auch Frauen im Handwerk arbeiteten, sahen die Berliner Handwerker nicht gerne. Weil die Frauen weniger Lohn erhielten als die Männer, konnten die Hugenotten billiger produzieren. Die Berliner Handwerker forderten vom Kurfürsten, den Hugenotten die Frauenarbeit zu verbieten. Doch der Kurfürst antwortete, er habe den Flüchtlingen sein Wort gegeben, dass sie in der Mark Brandenburg wirtschaften könnten, wie sie wollten. Und als die Berliner Handwerker sich

immer wieder bei ihm beschwerten, gab der Kurfürst ihnen den Rat, doch auch Frauen für sich arbeiten zu lassen, was sie schließlich auch taten.

Doch woher wussten die Jungfern an der Brücke alle Neuigkeiten? Sie horchten die vielen Menschen aus, die wegen des berühmten Weißzeuges an ihren Stand kamen. Weil ihr Stand nicht weit vom Gertraudentor lag, kamen viele Fremde und Weitgereiste bei ihnen vorbei, von denen erfuhren sie die »Auslandsnachrichten«. Und weil sie auch Kundinnen im Schloss hatten, konnten sie selbst von dort das Neueste berichten. So wurde der Weißzeugstand der drei Jungfern an der Brücke zur ersten Nachrichtenagentur Berlins.

BERLINISCH

Viele Berliner und Potsdamer Schlösser haben französische Namen. Sanssouci heißt übersetzt »ohne Sorge«, Bellevue »schöne Aussicht« und Monbijou, von dem nur eine Grünanlage übrig geblieben ist, »meine Kostbarkeit«. Als diese Schlösser vor mehr als zweihundert Jahren gebaut wurden, sprach der Adel französisch: »Deutsch ist die Sprache der Schweinehirten«, erklärte Friedrich II., preußischer König in den Jahren 1740 bis 1786.

Bei seinem Vater Friedrich Wilhelm I. hieß ein Reiterregiment »gens d'arms«. Diese »bewaffneten Leute« hatten ihre Kaserne und die Ställe für ihre Pferde am Gendarmenmarkt, der nach ihnen benannt wurde. Von dem gleichen französischen Ausdruck stammt auch der Gendarm, wie Polizisten manchmal noch altertümlich genannt werden.

Und sein Großvater, Friedrich I., ließ außerhalb der Stadt im Jahre 1710 ein Haus für Pestkranke errichten, aus dem das Berliner Universitäts-Krankenhaus entstand, das bis heute den Namen Charité trägt. »Charité« bedeutet Barmherzigkeit und auch Nächstenliebe. Damit hatte das Krankenhaus allerdings wenig zu tun. Die Kranken mussten ihren Aufenthalt abarbeiten und waren Versuchspersonen für die Ausbildung von Ärzten.

Dass es viele Wörter im Berliner Dialekt gibt, die aus dem Französischen stammen, geht aber nicht nur auf die Sprache des Adels, sondern auch auf die hugenottischen Flüchtlinge aus Frankreich zurück. 20.000 Hugenotten, die wegen ihres Glaubens aus Frankreich fliehen mussten, wurden im Jahre 1685 in der Mark Brandenburg aufgenommen, 5.000 davon kamen nach Berlin. Damit war jeder fünfte Berliner ein Hugenotte und sprach Französisch.

Bellevue

Schöne Aussicht

tout chic   *totschick*

An sie erinnert noch heute der Französische Dom am Gendarmenmarkt und die Französische Straße, wo viele von ihnen damals
lebten.

Die Hugenotten brachten nicht nur ihre Sprache, sondern
auch ihre Essgewohnheiten mit nach Berlin. Und so gibt es viele
Gerichte, deren Namen aus dem Französischen stammen. Am
bekanntesten ist die Boulette, auf Deutsch Fleischkügelchen. Aber
auch Püree, Kotelett, Omelett, Roulade und Karotte haben ihren
Ursprung im Französischen. Und französisch sind auch das Tab-
lett, das Café und die Fete.

Die Hugenotten galten als hervorragende Handwerker, vor allem
was die Herstellung von Stoffen und Kleidern betraf. Sie haben
die Bluse und das Kostüm mitgebracht, aber auch die Boutique
und das Mannequin – so nannten sie ihre Schneiderpuppe. Was

58

die Hugenotten schneiderten, war »tout chick«, also »ganz fein«. Die Berliner machten daraus »totschick«.

Solche Missverständnisse gab es häufiger, wenn die Berliner etwas von den Hugenotten übernahmen. So stammt der Ausdruck »ratzekahl« von »radical«, der »große Onkel« von »ongle« für Zehennagel. Und warum sagt man: »Es ist alle«, wenn es etwas nicht mehr gibt? Die hugenottischen Händlerinnen und Händler sagten: »C'est allé« – es ist ausgegangen.

Die Hugenotten brachten auch die »Toilette« mit. Damit war das gemeint, was man anhatte, oder wenn man sich fein machte. Aber sie kannten auch schon den Balkon und das Parkett. Und ihr Ausdruck »bel étage« – schönes Stockwerk – wurde in Berlin gebräuchlich für die erste Etage eines mehrstöckigen Hauses. Denn die erste Etage war meistens die feinste.

Sicherlich habt ihr alle eine Cousine oder einen Cousin, auch diese Wörter kommen aus dem Französischen. Und vielleicht kennt ihr auch jemanden in Berlin mit einem französischen Nachnamen. Dessen Vorfahren waren vielleicht Hugenotten.

Kasper   *Kassow der Lügner*

Aber nicht nur die Hugenotten haben ihre Spuren in unserer Sprache hinterlassen, sondern auch die Juden, die in Berlin lebten. Ihre Sprache ist Hebräisch. Juden, die aus Osteuropa kamen, sprachen häufig Jiddisch, einen alten deutschen Dialekt, der anderswo schon lange ausgestorben war.

Der Kasper aus dem Puppentheater soll seinen Namen von dem hebräischen Wort »kassow« haben, das nichts anderes als Lügen heißt. Und das macht der Kasper ja gerne.

Aus dem Hebräischen kommt Maloche für Arbeit oder Moos, Pinke und Kies für Geld. Für Geld hatten die Juden deshalb so viele Ausdrücke, weil ihnen nur Handel und Geldgeschäfte erlaubt waren. Auch das Wort Ziffer kommt vom hebräischen »sifer«, es bedeutet »zählen«.

Juden, die immer wieder ausgegrenzt und verfolgt wurden, kannten wenig Glück, aber viel Schlamasel und Zoff. Masel heißt auf Hebräisch Glück und »sch'lo« kein, also meint man mit »Sch'lo Masel« kein Glück oder Unglück. Und Zoff bezeichnet auf Hebräisch ein schlechtes Ende, also das Gegenteil vom englischen Happy End.

Happy End ist ein Beispiel für unsere heutige Sprache, in der immer mehr Wörter aus dem Englischen kommen: Baby, Teenager, Team, Job, Party, cool und auch Laptop. Das finden manche cool.

Dass viele Berliner Ortsnamen wie zum Beispiel Berlin, Rudow, Spandau, Steglitz oder Pankow von den Slawen stammen, die früher hier gesiedelt haben, wurde schon in einer anderen Geschichte erzählt. Aus dem Slawischen kommen auch Wörter wie Kiez, Gurke, Quark, Vampir oder Grenze. Weil sie die Sprache der Deutschen nicht verstanden, nannten die Slawen sie »Nemec«, die Stummen. »Slovo«, also die Slawen, sind dagegen die, die sprechen können.

Ob es irgendwann auch türkische Wörter in unserer Sprache geben wird? Oder kennt ihr schon welche?

MILCHMÄDCHENRECHNUNG

Viele Berliner Stadtteile gehören erst seit 1920 zu Berlin. Und bis vor gut hundert Jahren waren viele noch Bauern- oder Gutsdörfer. Bei manchen steht das Dorf sogar noch im Namen wie bei Wilmersdorf, Schmargendorf, Reinickendorf oder Mahlsdorf.

Auf den Bauernhöfen war der Bauer zuständig für die Feldbestellung und die Viehzucht, die Bäuerin für alles im und ums Haus: Kinder, Kochen, Putzen, Waschen, Gemüse- und Kräutergarten, Hühnerzucht und Kühe melken. Meistens reichte der Ertrag der Höfe nur für die Bauernfamilie selbst. Wenn aber die Bäuerin in ihrem Arbeitsbereich etwas darüber hinaus erwirtschaftete, konnte sie es verkaufen und die Einnahmen gehörten ihr ganz allein.

Die Töchter übernahmen das Melken der Kühe. Gaben die Kühe viel Milch, dann machten sich die Mädchen abends nach dem Melken auf den Weg nach Berlin, um dort morgens früh auf den Märkten ihre frische Milch zu verkaufen. Auch wenn es in der Stadt verlockende Angebote gab – Schmuck, schöne Tücher und Kleider – gaben die Milchmädchen das eingenommene Geld nicht aus, sondern sparten es für ihre Mitgift. Wenn ein Mädchen heiraten wollte, musste sie alles, was ein Haushalt brauchte, mitbringen: Bett und Bettzeug, Tisch und Stühle, Schränke und Truhen, Töpfe und Pfannen, Geschirr und Besteck.

Während die Mädchen ihre Milcheimer über Stock und Stein durch die dunkle Nacht den weiten Weg nach Berlin schleppten, rechneten sie, um wieviel sich ihre Ersparnisse durch den Verkauf der Milch erhöhen würde. Und sie rechneten, wieviel Milch sie noch verkaufen mussten, damit ihre Mitgift so groß würde, dass sie einen reichen Mann heiraten könnten und nie mehr so hart arbeiten müssten. Manche träumten gar, dass sie wie das fleißige Aschenputtel einen Prinzen bekämen.

Doch ihre Milchmädchenrechnung ging nicht auf. Auch wenn sie versuchten, dem Glück ein bisschen nachzuhelfen. Den Milchmädchen wurde nachgesagt, dass sie ihre Milch mit Wasser panschten. Wenn sie einen Teil der Milch verkauft hatten, sollen sie ihre Kannen am Brunnen mit Wasser wieder vollgemacht haben, damit sie noch mehr verkaufen konnten.

Auch wenn sich die Milchmädchen bei ihren Träumen vom Märchenprinzen verrechneten, weil adlige und reiche Männer keine einfachen Bauerntöchter heirateten, mit Geld konnten sie sehr gut umgehen. In Berlins berühmtester Meierei Bolle trugen die bekannten Bolle-Jungen die Milchkannen aus. Fürs Kassieren aber waren die Bolle-Mädchen zuständig. Der als sehr geizig bekannte Besitzer der Meierei, Carl Bolle, hätte aber wohl niemals den Mädchen das Kassieren übertragen, wenn sie sich hätten übers Ohr hauen lassen.

Auch Lydia Rabinowitsch-Kempner ließ sich nicht reinlegen. Sie war Naturwissenschaftlerin und hat vor hundert Jahren nachgewiesen, dass Tuberkulose, eine Krankheit, die damals in Berlin sehr verbreitet war, durch Milch von kranken Kühen auf Menschen übertragen wurde. Eines Tages nun wollte sie die Milch der Firma Bolle auf Krankheitserreger überprüfen. Mitarbeiter der Meierei kochten die Milch ab, die sie untersuchen wollte. Damit waren alle Bakterien getötet und nicht mehr feststellbar. Die Männer dachten, eine Frau würde das nicht merken. Doch Lydia Rabinowitsch-Kempner zeigte die Firma Bolle wegen Betrugs an und gewann den Prozess, der sehr viel Aufsehen erregte. Dadurch berühmt geworden, verlieh ihr der Kaiser im Jahre 1912 für ihre Verdienste den Titel Professor. Damit war sie die erste Professorin in Berlin und die dritte in ganz Deutschland.

Bauernfänger am Alexanderplatz

Wenn die Bauern überzähliges Vieh hatten oder wenn sie Geld brauchten, dann brachten sie Tiere zum Verkauf auf den Ochsenmarkt nach Berlin. Der fand auf dem heutigen Alexanderplatz statt. Ursprünglich lag dieser Platz außerhalb der Stadtmauer. Auf dem alten Stadtwall fährt heute die Bahn.

Gekauft wurden die Tiere auf dem Ochsenmarkt von anderen Bauern, die Zugtiere oder Jungtiere zur Zucht brauchten, von Viehhändlern, die die Tiere kauften, um sie weiter zu verkaufen, und von Metzgern. Auf dem Markt ging es laut her. Nicht nur die Tiere blökten, muhten und wieherten, auch die Menschen schrien durcheinander. Die einen wollten möglichst viel Geld haben für ihre Tiere, die anderen wollten möglichst wenig bezahlen. Aber irgendwann einigte man sich doch und die Tiere fanden neue Besitzer.

Wenn die Bauern ein gutes Geschäft gemacht und viel Geld in ihrer Tasche hatten, dann wollten sie noch etwas in der Stadt erleben, ehe sie in ihr Dorf oder auf ihren Hof zurückkehrten. Nicht

selten fielen sie dabei sogenannten Bauernfängern in die Hände.
Diese versprachen den Bauern einzigartige Erlebnisse und lockten
sie in Kneipen, wo sie sie betrunken machten. Dann knöpften sie
den Bauern ihr sauer verdientes Geld beim Glücksspiel ab. Dass
falsch gespielt wurde, merkten die Betrunkenen nicht mehr.

Wenn der Geldbeutel des Bauern leer und er von seinem Rausch
eingeschlafen war, warf man ihn irgendwo in die Gosse. Wenn er
gute Stiefel oder eine schöne Jacke trug, dann wurden auch diese
noch geklaut, während er seinen Rausch auf der Straße ausschlief.
Morgens früh, wenn er erwachte, besaß er nur noch einen dicken
Kopf.

Weil es dem Bauern peinlich war, wie er sich von den Bauernfängern übers Ohr hauen ließ, erzählte er zu Hause, eine Räuberbande hätte ihn unterwegs überfallen und ihm Geld und Kleider abgenommen. Nur durch den tapferen Kampf bis aufs Hemd hätte er die Räuber in die Flucht geschlagen und sein Leben gerettet.

Weil die Bauern daheim Räubermärchen erzählten, statt die anderen Bauern vor den Berliner Bauernfängern zu warnen, fanden die Bauernfänger immer wieder neue Opfer. Und von der Polizei blieben sie unbehelligt, weil die Bauernfängerkneipen außerhalb der Stadtmauern lagen und damit die Berliner Polizei nicht zuständig war.

Seinen Namen erhielt der Platz, an dem der Ochsenmarkt stattfand, als im Jahre 1805 der russische Zar Alexander den preußischen König besuchte. Er wollte sich mit ihm gegen Napoleon verbünden, welcher mit seiner französischen Armee dabei war, ganz Europa zu erobern. Der König empfing den Zaren mit einer Militärparade auf dem Platz, wo sonst mit Ochsen gehandelt wurde. Zu Ehren des Gastes wurde der Platz nach ihm benannt.

Nike auf dem Brandenburger Tor

»Pferdchen bringt mich zurück zu meiner Mama«, ritzte ein junges polnisches Mädchen während des Zweiten Weltkrieges in das Brandenburger Tor. Wie viele andere Menschen aus ganz Europa war das Mädchen zur Zwangsarbeit nach Deutschland verschleppt worden. In Berlin musste es nicht nur schwer in einer Rüstungsfabrik arbeiten, es hatte auch großes Heimweh. Wenn es einmal frei hatte, was selten vorkam, dann ging das Mädchen zum Brandenburger Tor und träumte davon, dass die Pferdelenkerin auf dem Tor es mit ihrem Wagen nach Hause bringen würde. Doch

der Wunsch, in die polnische Heimat zurückzukehren, ging erst in Erfüllung, als der Krieg im Mai 1945 zu Ende war. Das Tor ist seitdem mehrmals renoviert worden und das »Graffiti« des polnischen Mädchens ist längst verschwunden.

Die Pferdelenkerin auf dem Brandenburger Tor heißt nach einer Siegesgöttin aus der griechischen Sagenwelt Nike. Weil die Berliner Nike einen römischen Streitwagen mit vier Pferden davor lenkt, wird die ganze Skulptur wie das Viergespann bei den Römern Quadriga genannt.

Als das Brandenburger Tor vor etwas mehr als zweihundert Jahren errichtet wurde, bewunderten viele Menschen das antike, also das alte Griechenland und Rom und man baute vieles von dort nach. Der preußische König Friedrich Wilhelm II. beauftragte den Bildhauer Johann Gottfried Schadow, eine Skulptur für das Brandenburger Tor zu schaffen. Die Quadriga war Schadows Idee. Doch wo sollte er eine Frau finden, die ihm Modell für die Pferdelenkerin Nike stehen könnte? Er brauchte eine Frau, die groß und kräftig war, die Muskeln hatte, eine Frau, der man glaubte, dass sie einen Wagen mit vier Pferden lenken könnte. Schadow fand das Modell für die Nike in der Schmiede, die die Quadriga gießen sollte. In der Schmiede Jury legten die Töchter mit Hand an, wenn Not am Manne war. Die Zunftregeln verboten den Handwerkern zwar, Frauen zu beschäftigen, das galt aber nicht für Familienmitglieder. Da auch die Zahl der männlichen Beschäftigten begrenzt war, halfen Frauen aus, wenn die Aufträge sonst nicht rechtzeitig fertig geworden wären. Rieke Jury hatte vom Schwingen des Hammers am Amboss so viele Muskeln bekommen, dass sie ein glaubwürdiges Modell für die Pferdelenkerin auf dem Brandenburger Tor war.

Die Lenkerin des Pferdewagens sollte eigentlich eine Friedensgöttin darstellen, die der Stadt Berlin den Frieden bringt. Deshalb lenkt sie ihren Wagen in Richtung Unter die Linden, also in die Stadt Berlin hinein. Der Tiergarten und alles westlich davon gehörte damals noch nicht zu Berlin.

Erst im Jahre 1814 wurde aus der Friedensgöttin eine Siegesgöttin mit Eisernem Kreuz und preußischem Adler. Napoleon hatte im Jahre 1806 die Quadriga als Kriegsbeute nach Paris bringen lassen, nachdem seine französischen Truppen Berlin besetzt hatten. Als Nike kehrte sie zurück aufs Brandenburger Tor, nachdem Napoleon und seine Armee von den Preußen und ihren Verbündeten besiegt worden waren.

Nicht weit von der Nike auf dem Brandenburger Tor schwebt eine andere Siegesgöttin auf der Siegessäule. Nach der Siegesgöttin der Römer heißt sie Viktoria. Aufgestellt wurde sie nach dem Sieg der Preußen über die Franzosen in den Jahren 1870/71. Von den Berlinern wird sie »Goldelse« genannt. Das war der Titel eines damals viel gelesenen Romans von Eugenie Marlitt. Mit Gold, das die Franzosen zahlen mussten, ist sie wirklich beschichtet.

Kennt ihr auch echte Frauendenkmäler, Denkmäler, die an Frauen erinnern, die wirklich gelebt und etwas geleistet haben? Viele gibt es davon bis heute nicht in Berlin.

DER KARTOFFELAUFSTAND

Die Ernte im Herbst des Jahres 1846 war schlecht ausgefallen. Wer Geld hatte, kaufte möglichst viele Vorräte. Dadurch wurden die wenigen vorhandenen Lebensmittel noch knapper und so teuer, dass die Tagelöhnerfamilien sie kaum noch bezahlen konnten und hungern mussten.

Tagelöhnerinnen und Tagelöhner lebten von der Hand in den Mund. Sie hatten keine feste Arbeit. Jeden Tag mussten sie sich einen neuen Job suchen. Abends bekamen sie ihren Lohn bar ausgezahlt. Und dieser Lohn war meist so gering, dass sie davon nur das Nötigste kaufen und keine Vorräte anlegen konnten. Kartoffeln waren ihr Hauptnahrungsmittel.

Im Frühjahr 1847 konnten sich die Tagelöhnerfamilien nicht einmal mehr Kartoffeln leisten. Die wenigen Kartoffeln, die noch auf den Märkten angeboten wurden, waren jeden Tag kleiner und schlechter, viele halb oder ganz verfault. Und trotz der schlechten Qualität kosteten die Kartoffeln immer mehr Geld. Die Hökerinnen, wie die Händlerinnen, die auf den Märkten hinter ihren Ständen hockten, in Berlin genannt wurden, nutzten die große Nachfrage nach Kartoffeln aus und verlangten immer höhere Preise.

Es waren Frauen, die sich das nicht länger gefallen ließen. Über die Ereignisse am 21. April 1847 auf dem Gendarmenmarkt berichtet der damals in Berlin lebende Schriftsteller Adolf Streckfuss:

»Eine Hökerin, welche beim Beginn des Marktes noch die Metze Kartoffeln zu zwei Silbergroschen verkauft hatte, schlug plötzlich den Preis bis zu 4 Silbergroschen auf. Ihr Beispiel fand bei den nächststehenden Bauern sofort Nachahmung.

Ein wilder Tumult erhob sich. Der unerschwingliche Preis erregte den tiefsten Unwillen der Käufer, die Kartoffeln haben mussten, um die Kinder zu Hause zu sättigen, und sie doch nicht bezahlen konnten. Anfangs gab es nur Schimpf- und Drohreden, die von den Hökerinnen und Bauern derb erwidert wurden, dann aber riss den Arbeiterfrauen der zu straff gezogene Faden der Geduld.

Eine Frau war es, die zuerst das Signal zur Gewalttat gab; mit einem scharfem Messer schnitt sie einen der zum Verkauf aufgestellten Kartoffelsäcke auf, die Kartoffeln rollten auf den Boden und sofort warf sich jubelnd und schreiend die Menge über dieselben. Jeder suchte zusammenzuraffen, was er finden konnte, niemand dachte mehr ans Bezahlen.

Die Verkäufer schimpften und tobten, sie versuchten ihr Eigentum zu retten, aber sie wurden zurückgestoßen und misshandelt.

Wer dachte jetzt noch ans Kaufen! Die Kartoffelsäcke und Brotschargen wurden geplündert und die ohnmächtige Marktpolizei musste tatenlos zuschauen, denn die wenigen Polizisten vermochten nichts gegen die wütende Menge auszurichten. Männer, Frauen und Kinder beteiligten sich mit gleicher Energie bei dem Raubwerke, ja die Frauen waren am kühnsten und rücksichtslosesten.

Mit der Plünderung auf den Märkten war der Skandal nicht beendet, er begann mit derselben vielmehr erst. Die Arbeiter rotteten sich zusammen. Eine wilde Schar, welche zum Teil aus Weibern bestand, zog durch die Straßen, um die Bäcker- und Fleischerläden zu plündern. Erst spät am Abend gelang es dem energischen Einschreiten der Polizei, die Ruhe wiederherzustellen.

Schon früh am Morgen des 22. April wiederholten sich die Straßenskandale in verstärktem Maße. Aus den Vorstädten zogen sin-

gend und jubelnd große Massen zerlumpten Gesindels nach dem Alexanderplatz, wo Markt abgehalten werden sollte. ›Wir wollen nach der Revolution!‹, schrien sie den Arbeitern zu, die ihnen auf der Straße begegneten und forderten sie zur Teilnahme auf.

›Nach der Revolution!‹ Dies war das Losungswort an jenem Tage. Der Tumult gewann eine solche Ausdehnung, dass das Militär einschreiten und die Königsstraße [am Berliner Rathaus] sperren musste. Während dies aber hier geschah, wurden in anderen Stadtgegenden die Läden ungestört geplündert. Auch am folgenden Tage, dem 23. April, würde sich der Tumult wiederholt haben, denn wieder kamen die Vorstädter in dichten Scharen zu den Toren herein, sie fanden die Stadt aber so vollständig von Militär besetzt, dass sie keine Plünderungen wagen durften. Auch die Dörfer in der Nähe Berlins wurden durch Militär geschützt.«

Um die Revolution zu verhindern, sah sich der König gezwungen, Höchstpreise für Kartoffeln festzusetzen. Das ermutigte die Menschen, weitere Änderungen zu fordern. So wurde auch nach der Niederschlagung des Kartoffelaufstandes überall über Missstände diskutiert, fanden heimliche Versammlungen statt, wurden Flugblätter verfasst und verteilt. Und ein Jahr nach dem Kartoffelaufstand kam es schließlich doch zur Revolution.

Am 18. März 1848 versammelten sich Berlinerinnen und Berliner auf dem Schlossplatz, um dem König ihre Forderungen vorzutragen. Obwohl die Menschen ganz ruhig und friedlich waren, ließ Prinz Wilhelm das Feuer auf sie eröffnen. 254 Menschen wurden auf dem Schlossplatz und bei den sich anschließenden Kämpfen auf den Barrikaden erschossen. Unter den Getöteten waren auch Kinder und Jugendliche.

Begraben wurden die Opfer im Volkspark Friedrichshain. Der Friedhof der Märzgefallenen ist heute eine Gedenkstätte. Auf einem der wenigen noch erhaltenen Grabsteine ist zu lesen:

HERMANN LENZ
LEHRLING
15 JAHRE
AUS BERLIN

Noch einmal konnte sich der König retten. Die Revolutionäre waren zu uneinig und Frauen wollten die meisten gar nicht dabei haben. Und so dauerte es noch siebzig Jahre, bis die Revolution im November 1918 den Kaiser und alle Könige in Deutschland zum Rücktritt zwang.

DIE GOLDENE KUPPEL

Schon von Weitem sieht man die goldene Kuppel der Neuen Synagoge in der Oranienburger Straße leuchten. Eine Synagoge ist eine jüdische Kirche. Mit der goldenen Kuppel zeigte die jüdische Gemeinde, dass sie da war, auch wenn sie nicht gewollt wurde.

Weil sie keine Christen waren, wurden die Juden immer wieder verfolgt und hatten weniger Rechte. Erst ab dem Jahre 1812 durften Juden preußische Staatsbürger werden und wurden damit zumindest dem Gesetz nach den anderen Berlinern gleichgestellt.

Als Zeichen, dass sie nun dazu gehörte, wollte die jüdische Gemeinde ein neues Gotteshaus dort errichten, wo die zentralen Kirchen der Christen standen. Der evangelische Dom stand direkt neben dem Schloss und die katholische St. Hedwig-Kathedrale nicht weit davon hinter der Staatsoper Unter den Linden. Doch der König wollte die Synagoge nicht in seiner Nähe haben. Der jüdischen Gemeinde blieb nichts anders übrig, als ihre neue Synagoge in der Spandauer Vorstadt zu errichten. Die gehörte zwar inzwischen auch längst zum sich immer weiter ausbreitenden Berlin, aber eben nicht zum Stadtzentrum.

Wenn sie ihre Synagoge am Rande bauen musste, dann sollte sie umso prächtiger werden, entschied die jüdische Gemeinde. Die goldene Kuppel sollte bis ins Zentrum zu sehen sein. Im Jahre 1866 wurde die Neue Synagoge in der Oranienburger Straße feierlich eröffnet. Sie bekam sogar eine Orgel wie die christlichen Kirchen. Aber im Baustil hatte man sich nicht angepasst, sondern nach Vorbildern aus dem Orient gebaut, der Heimat des Judentums.

An der Synagoge erinnert eine Gedenktafel an Wilhelm Krützfeld. Er war Polizeichef in der Spandauer Vorstadt während der Nazi-Diktatur. Als am 9. November 1938 in Deutschland überall die Synagogen von der SA, der »Sturmabteilung« der Nazis, angezündet wurden, benachrichtigte Krützfeld die Feuerwehr und verjagte selbst die Brandstifter aus der Synagoge in der Oranienburger Straße. Diesem »beherzten Reviervorsteher« hat Heinz Knobloch mit einem Buch ein Denkmal gesetzt, in dem die ganze Geschichte nachzulesen ist.

Während des Zweiten Weltkrieges wurde die Synagoge dann doch noch durch eine Bombe zerstört. Erst im Jahre 1988 wurde mit der Restaurierung der Ruine begonnen. Die goldene Kuppel glänzt seit dem Jahr 1994 wieder. Eine Ausstellung informiert in dem wiedererrichteten Teil der Synagoge über die Geschichte des Gotteshauses.

Dort wird auch die Geschichte von Regina Jonas erzählt. 1935 war sie die erste Rabbinerin weltweit. Rabbiner heißen die jüdischen Pfarrer. Regina Jonas wurde wie viele andere jüdische Menschen in der Nazi-Zeit in Auschwitz ermordet und war lange Zeit vergessen.

75

BIS IN DIE PUPPEN

Heute könnt ihr in Berlins größtem Park höchstens ein paar Kaninchen vorbeihuschen sehen. Seinen Namen hat der Tiergarten bekommen, als er noch Jagdrevier der Kurfürsten war. Viele Tiere hat es aber offenbar auch damals nicht gegeben. Damit die Kurfürsten im Tiergarten jagen konnten, wurden woanders Tiere eingefangen und im Tiergarten ausgesetzt. Und damit die Tiere nicht wegliefen, wurde der Tiergarten eingezäunt. Der Zaun und

die Wächter, die mit ihren Familien an den vier Ecken wohnten, sollten aber auch verhindern, dass die Berliner im Tiergarten wilderten und die Berlinerinnen Brennholz sammelten.

Als Friedrich II., der sich nicht für die Jagd interessierte, im Jahre 1740 den Thron bestieg, gab er den Tiergarten zum Spazierengehen frei. Spazieren gehen konnten sich damals nur wenige vornehme Leute leisten, die reich genug waren, um nicht von morgens früh bis abends spät arbeiten zu müssen. Weil aber alle vornehm sein wollten, gingen immer mehr Leute im Tiergarten spazieren. Und damit sie vornehm aussahen, zogen sie ihre besten Kleider an. Die Kinder durften nicht herumtollen oder spielen, sie mussten brav neben den Eltern hergehen, damit sie sich nicht schmutzig machten und damit alle sahen, wie wohlerzogen sie waren. Manchmal traf man beim Spazierengehen im Tiergarten sogar den König oder die Königin, einen Prinzen oder eine Prinzessin. Dann mussten die Männer sich verbeugen und die Frauen und Kinder einen Hofknicks machen.

An der Kreuzung am Großen Stern, dort wo heute die Siegessäule steht, hatte Friedrich II. zur Verschönerung des Parks Skulpturen aufstellen lassen, die von den Berlinern respektlos »Puppen« genannt wurden. Wenn die Berliner sonntagabends völlig erschöpft von ihrem Sonntagsausflug zurückkamen und die Nachbarn fragten, wo sie denn gewesen seien, dann antworteten sie: »Wir waren bis in den Puppen!« Noch heute sagt man, wenn man zu lange gefeiert und deshalb zu wenig geschlafen hat: »Es ging bis in die Puppen.«

Was braucht man bei so weiten Ausflügen und anstrengenden Spaziergängen? Eine Erfrischung. Das dachten sich auch geschäftstüchtige Berliner Hugenotten. Und der König erlaubte ihnen, einen Stand im Tiergarten aufzubauen, wo sie Limonade verkauften. Zum Schutz vor Sonne und Regen errichteten sie ein Zelt über ihrem Stand. Da sie viel Erfolg hatten, gab es bald immer mehr solcher Stände im Tiergarten. Und die Berlinerinnen und Berliner gingen nun nach ihrem Spaziergang durch den Tiergarten »in die Zelte«. Auch als aus den Zelten längst feste Häuser geworden waren, sagte man immer noch »in den Zelten«.

Manche Kinder sollen sehr enttäuscht gewesen sein, wenn sie mit den Eltern »in den Zelten« ankamen. Sie hatten geglaubt, dass dort Indianer leben würden, von deren Zelten sie in Büchern gelesen hatten. Statt Indianerabenteuern gab es zum Trost für die Kin-

der wenigstens eine Fassbrause. Habt ihr diese besondere Berliner Limonade schon einmal probiert? Heute steht an der Straße »In den Zelten« zwischen dem Kanzleramt und dem »Haus der Kulturen der Welt« wieder ein Zelt, das »Tipi«. Dort gibt es Aufführungen für Groß und Klein.

Wisst ihr warum das »Haus der Kulturen der Welt« auch »Schwangere Auster« genannt wird? Dieses Gebäude, das die USA im Jahre 1957 Berlin schenkten, sieht wie eine aufgehende Muschel aus. So ein geschwungenes Dach ist nicht ganz einfach zu bauen. 1980 stürzte die »Schwangere Auster« ein. Der Stahl war durchgerostet. Weil die »Schwangere Auster« ein Wahrzeichen Berlins war, wurde sie wieder aufgebaut und soll nun ganz sicher sein.

Hinter der »Schwangeren Auster« fließt die Spree. Heute legen dort Ausflugsschiffe an. Als die Spree noch nicht zu schmutzig war, um darin zu schwimmen, gab es dort eine »Flussbadeanstalt für Damen«. Amalie Lutze hatte sie im Jahre 1834 eröffnet. Schwimmbäder für Männer und Frauen waren damals streng getrennt, damit niemand die Frauen beim Schwimmen beobachten konnte. Dabei trugen die Frauen so lange und weite Badegewänder, dass keine nackte Haut zu sehen war.

Schlittschuh laufen kann man heute noch im Tiergarten, wenn der Winter kalt genug ist, dass die Gewässer zufrieren. Ausreiten auf Pferden ist nicht mehr erlaubt. Nur auf dem Sattel des Drahtesels darf man durch den Tiergarten fahren. Zum Fahrradfahren sollen seine Sandwege schon sehr beliebt gewesen sein, als die ersten Berlinerinnen und Berliner um das Jahr 1900 das Fahrradfahren lernten. Der Fall in den Sand war nicht so hart wie der auf die Straße, deren Pflaster außerdem noch holpriger war. Auf dem Fahrrad konnten Kinder und Jugendliche nun den Erwachsenen bei den langweiligen Sonntagsspaziergängen davon fahren. Allerdings mussten sie groß genug für ein Erwachsenenfahrrad sein, denn Kinderräder gab es damals noch nicht.

Obwohl der Tiergarten schon sehr alt ist, werdet ihr dort kaum einen Baum finden, der älter als sechzig Jahre ist. Am Ende des Zweiten Weltkrieges wurden die Bäume aus dem Tiergarten für

Brennholz gefällt. Und auf den freien Flächen durfte die Berliner Bevölkerung dann Kartoffeln und Gemüse anbauen, um sich selbst zu versorgen. Erst nachdem die Berlin-Blockade im Mai 1949 vorbei war, wurden neue Bäume gepflanzt.

Die Berlin-Blockade war eine Folge der Spaltung Deutschlands in Ost und West. Als im Juni 1948 in Westberlin das neue Geld aus Westdeutschland eingeführt wurde, sperrten die Russen alle Wege von Westdeutschland nach Westberlin, das als Insel in Ostdeutschland lag. Nur mit dem Gemüse, das die Berlinerinnen im Tiergarten und in ihren Schrebergärten selbst anbauten, hätten die Menschen nicht überleben können. Die Amerikaner richteten eine Luftbrücke ein und schickten Essen und vieles andere mit Flugzeugen, die die Berliner »Rosinenbomber« nannten, weil sie auch Süßigkeiten für die Kinder abwarfen.

DREI KREUZE

Noch vor zweihundert Jahren konnten nur ganz wenige Menschen in Berlin Lesen und Schreiben. Alle anderen machten drei Kreuze, wenn sie etwas unterschreiben mussten oder setzten ihr Siegel oder ihren Stempel unter Briefe und Verträge. Mönche und Nonnen waren im Mittelalter die einzigen, die Lesen und Schreiben konnten. Ihr Wissen gaben sie in den Klöstern weiter.

Auch in Berlin waren die ersten Schulen Klosterschulen. Und so wie die Klöster für Frauen und Männer getrennt waren, wurden auch die Mädchen und Jungen getrennt unterrichtet. Mädchen konnten vom 13. bis zum 16. Jahrhundert bei den Benediktinerinnen in Spandau zur Schule gehen. An das Kloster der Benediktinerinnen in Spandau erinnern heute nur noch der Nonnendamm und die Jungfernheide. Jungen gingen bei den Franziskanermönchen in die Schule. Das Gymnasium »Zum Grauen Kloster« gibt es heute noch, wenn auch an einem anderen Ort.

In den Berliner Bauerndörfern unterwiesen arbeitslose Handwerker und deren Frauen, die dafür Unterkunft und Essen von den Bauern bekamen, die Bauernkinder im Spinnen, Weben, Tischlern, Schnitzen, Flechten, Schustern und Schlachten. Mit diesen handwerklichen Fähigkeiten konnte vieles, was auf dem Hof gebraucht wurde, selbst hergestellt werden. Und im Winter, wenn auf dem Hof weniger zu tun war, konnten sich die Bauernfamilien etwas dazu verdienen. Auch der Unterricht fand meistens nur im Winter oder bei schlechtem Wetter statt. Ansonsten mussten die Kinder bei der Feldarbeit helfen.

In die Dorfschulen kamen die Pfarrer, um die Kinder in Religion zu unterrichten. Bei ihnen konnten die Kinder auch Lesen und Schreiben lernen, was die Handwerker, die als Dorfschullehrer tätig waren, meistens selbst nicht konnten. Doch vielen Pfarrern war es wichtiger, dass die Kinder fromme Kirchenlieder, Psalme und Geschichten aus der Bibel auswendig lernten.

Die Schulpflicht wurde in Berlin im Jahre 1717 durch den preußischen König Friedrich Wilhelm I. eingeführt. Ab diesem Zeitpunkt mussten alle Eltern ihre Kinder in die Schule schicken. Doch bis zum Ende des Kaiserreichs im November 1918 wurden die Kontrollen nicht so ernst genommen. Oft fehlten Kinder, kamen zu spät oder schliefen während des Unterrichts ein, weil sie arbeiten mussten.

Bauernkinder mussten zu Hause auf dem Hof helfen. Ältere Mädchen mussten auf kleinere Geschwister aufpassen und Hausarbeiten erledigen, wenn die Mutter arbeitete. In vielen Arbeiterfamilien mussten auch die Kinder Geld verdienen. Das Austragen

von Zeitungen, Brötchen und Milch waren typische Kinderarbeiten, seit das Arbeiten von Kinder unter 13 Jahren in den Fabriken im Jahre 1891 verboten worden war.

Neben Auswendiglernen galt Gehorchen lange Zeit als das Wichtigste, was den Kindern in der Schule beigebracht werden sollte. Kam der Lehrer ins Klassenzimmer, hatten alle Kinder aufzustehen und sich neben die Bank zu stellen. Wenn der Lehrer grüßte, mussten alle Kinder im Chor zurückgrüßen. Dann wurde das Schulgebet gesprochen. Erst wenn der Lehrer das Kommando »Setzen« gab, durften sich die Kinder hinsetzen. Während des Unterrichts mussten alle gerade und still in der Bank sitzen. Sprechen durfte nur, wer vom Lehrer aufgefordert wurde. Und wer aufgerufen wurde, musste aufstehen und durfte dann erst antworten.

Jeder Verstoß gegen diese und die vielen anderen Regeln wurde bestraft. Auch damals gab es schon Strafarbeiten wie ein Gedicht auswendig lernen, einen Aufsatz schreiben oder etwas immer wieder aufzuschreiben. Außer Nachsitzen und in der Ecke stehen gab es aber auch Prügelstrafen. Dann musste die Schülerin oder der Schüler nach vorne zum Lehrer kommen, die Hände auf das Lehrerpult legen und der Lehrer schlug mit dem Lineal oder dem Stock zu, meistens mehrmals hintereinander. Manche Lehrer schlugen den Schülern auch auf den Hintern. Erst im Jahre 1973 wurde in der Bundesrepublik verboten, dass Lehrer Kinder in der Schule »züchtigen« durften.

In Berlin gingen Jungen und Mädchen bis 1945 in getrennte Schulen, in anderen Ländern zum Teil noch länger. Weil Mädchen heiraten und Kinder bekommen, meinte man, sie müssten nicht so viel lernen wie Jungen, die mit ihrer Arbeit einmal die Familie ernähren sollten. Dabei gab es nur wenige Familien, die so reich waren, dass Ehefrauen und Mütter kein Geld verdienen mussten. Manche behaupteten auch, Mädchen seien zu dumm zum Lernen. Heute machen mehr Mädchen als Jungen in Berlin das Abitur und es gibt mehr Studentinnen als Studenten an den Berliner Universitäten. Aber lange Zeit gab es nur höhere Schulen für Jungen. Und Studieren dürfen Frauen in Berlin erst seit dem Jahre 1908.

Mietskasernen

Früher war es üblich, dass fast jede Familie in einem eigenen Haus wohnte, einem Einfamilienhaus. Die ersten Häuser, die um das Jahr 1830 in Berlin für mehrere Familien gebaut wurden, nannten die Hausbesitzer Familienhäuser. Die Berliner sagten Mietskasernen dazu. Weil den Menschen, die in den Mehrfamilienhäusern lebten, die Häuser und die Wohnungen nicht gehörten, mussten sie Miete an die Besitzer zahlen und wurden rausgeworfen, wenn sie die Miete nicht bezahlen konnten. Dass so viele Menschen in einem Haus wohnten, kannte man bis dahin nur von Kasernen, wo die Soldaten untergebracht waren.

Über die Menschen und das Leben in den ersten Berliner Mietskasernen hat Bettina von Arnim im Jahre 1843 ein Buch geschrieben. Sie gab ihrem Buch den Titel »Dieses Buch gehört dem König«. Der König sollte sehen, wie schlecht es den armen Leuten geht und ihnen helfen.

»Vor dem Hamburger Tore, im sogenannten Vogtland, hat sich eine förmliche Armenkolonie gebildet. ... Am leichtesten übersieht man einen Teil der Armengesellschaft in den sogenannten ›Familienhäusern‹. Sie sind in viele kleine Stuben abgeteilt, von welchen jede einer Familie zum Erwerb, zum Schlafen und als Küche dient. In vierhundert Gemächern wohnen zweitausendfünfhundert Menschen. Ich besuchte daselbst viele Familien und verschaffte mir Einsicht in ihre Lebensumstände.

92b (Gartenstraße), Nr. 51. Die Stube der Witwe Möltner sieht gut aus; die Hausgeräte sind in gutem Zustande und sehr rein gehalten. Möltner war ein Schuster, gab das Handwerk auf, arbeitete als Tagelöhner, ergab sich dem Trunke, infolgedessen er vor drei Jahren starb. Die Witwe bezieht für ihre zwei Kinder zweieinhalb Taler monatliches Pflegegeld. Über die Erziehung der Kinder wird von den Vormundschaftsbehörden sorgfältig gewacht. Das dreizehnjährige Mädchen arbeitet in einer Tabaksfabrik von fünf Uhr morgens bis sieben Uhr abends; von sieben bis neun Uhr besucht es die ›Nachhülfeschule‹. Seit einiger Zeit geht es aber mit Damen in der Stadt auf den Markt. Gleiche Dienste verrichtet die Mutter. An einzelnen Tagen verdienen sie auf diese Weise in wenigen Stunden bis auf 25 Silbergroschen; zuweilen aber auch nichts. Die Miete wird regelmäßig bezahlt aus den Pflegegeldern. An Nahrungsmitteln leidet die Familie in diesem Augenblicke keinen Mangel. Die Frau darf aber nur einige Tage krank werden, so fehlt es an Brot.

Stube 92. Witwe Keßler ist eine muntere, gescheite Frau. Sie hat fünf Kinder. Für die drei kleinsten erhält sie drei Taler Pflegegeld. Die älteste Tochter dient in der Stadt, kann aber die Mutter nicht unterstützen, weil sie den geringen Lohn ganz auf die Kleider verwenden muss. Die armen Mädchen müssen durch ihren Staat der Herrschaft Ehre machen. Was Frau K. zu jenen drei Talern durch Waschen und Scheuern verdient, ist unbestimmt. Die Kinder bekommen oft mehrere Tage kein Brot zu Gesicht.«

Eine Frau war es auch, die schon im Jahre 1853 Alternativen zu

den Mietshäusern entwickelte. Statt die Städte immer dichter zuzubauen, sollte nach den Plänen von Adelheid Poninska, nur ein Viertel der Fläche bebaut werden. Jedes Mehrfamilienhaus hätte dadurch eine große Grünfläche bekommen, die als Garten für Gemüse, Kartoffeln und Blumen, zum Wäscheaufhängen und natürlich auch zum Spielen für die Kinder genutzt werden sollte. Die Häuser sollten keine dunklen Hinterhöfe bekommen und auch nicht so hoch gebaut werden. Zumindest ein Teil der Ideen von Adelheid Poninska wurden nach der Jahrhundertwende 1900 beim Bau der Gartenstädte verwirklicht.

Ein Frauendenkmal

Sicherlich habt ihr schon einmal eine der alten Wasserpumpen gesehen, von denen noch mehr als hundert Stück auf den Bürgersteigen Berlins stehen. Sie stehen unter Denkmalschutz, das heißt, sie dürfen nicht entfernt werden. Eigentlich sind sie technische Denkmale. Doch wer einmal über sie nachdenkt, wird erkennen, dass sie eigentlich Frauendenkmale sind. Sie erinnern an die Zeit, als es noch keine Wasserleitungen in den Wohnungen gab und alles Wasser zunächst vom Fluss oder Brunnen, später von der Pumpe geholt werden musste. Und weil die Hausarbeit Frauenarbeit war, waren es auch Frauen, die das Wasser zum Putzen, Kochen, Spülen und Waschen holen mussten.

Im Jahre 1856 begann man, in Berlin Wasserleitungen zu bauen. Für die Verlegung der Rohre in die Straßen war die Stadtverwaltung zuständig. Sie vergab die Aufträge und bezahlte die Firmen. Die Verlegung der Wasserrohre von der Straße in die Häuser war Aufgabe der Hausbesitzer. Und die ließen die Rohre nur in die Häuser und Wohnungen verlegen, wenn sie die Kosten dafür an die Mieter weitergeben konnten.

In den Mietskasernen mit ihren vielen Hinterhöfen und Stockwerken war das Verlegen von Wasserrohren besonders aufwendig. Und die Mieter waren Menschen, die nicht viel Geld hatten. Des-

halb verzichteten die meisten Besitzer von Mietskasernen darauf,
Wasserleitungen verlegen zu lassen. Damit aber die Bewohner
der Mietskasernen trotzdem das Wasser aus den neuen Wasserleitungen nutzen konnten, ließ die Stadtverwaltung Wasserpumpen
auf den Bürgersteigen aufstellen.

Während also manche Frauen nur noch den Wasserhahn in
der Küche aufdrehen mussten, wenn sie frisches Wasser haben
wollten, mussten andere noch weite Wege zur Pumpe zurücklegen
und die schweren Wassereimer oft durch mehrere Höfe und über
viele Treppen bis in ihre Wohnungen schleppen. Dafür haben sie
ein Denkmal verdient.

Vom Reitweg zum Kurfürstendamm

Der Kurfürstendamm erhielt seinen Namen, als Berlin noch von Kurfürsten regiert wurde und lange bevor dort Häuser erbaut waren. Es war der Weg des Kurfürsten zur Jagd in den Grunewald. Damit er nicht im Sumpf versank, wurde der Reitweg mit Holzknüppeln befestigt. Und dieser Damm aus Knüppeln für den Kurfürsten wurde Kurfürstendamm genannt.

Auf die Kurfürsten folgten die preußischen Könige. Und im Januar 1871 ließ sich der preußische König in Paris zum deutschen Kaiser krönen, nachdem Preußen Frankreich im Krieg besiegt hatte. In Paris sah Kaiser Wilhelm I. große Straßen mit prächtigen Häusern. Solche Straßen und Häuser wollte er in seiner Kaiserhauptstadt Berlin auch haben. Und so ließ er eine neue breite Straße am Kurfürstendamm anlegen und große Häuser bauen.

Nicht nur die Häuser auch die Wohnungen am Kurfürstendamm waren riesig. Manche Wohnungen hatten bis zu 25 Zimmer: eine Diele, ein Empfangszimmer, ein Damensalon, ein Herrenzimmer, ein Wohnzimmer, ein Speisezimmer, ein Frühstückszimmer, eine Trinkstube, ein Raucherzimmer, ein Berliner Zimmer, mehrere Schlaf- und Kinderzimmer, ein Spielzimmer für die Kinder, ein Ankleidezimmer für die Dame des Hauses und eines für den Herren, ein Zimmer für das Kindermädchen, ein Zimmer für die Köchin oder Hauswirtschafterin, ein Zimmer für den Butler oder Chauffeur, mehrere Bäder und Toiletten, eine Küche und eine Speisekammer.

Für die Dienstmädchen gab es selbst in diesen großen Wohnungen mit so vielen Räumen nur selten ein eigenes Zimmer. Oft mussten sie in der Badewanne schlafen oder auf einem Hängeboden in der Küche. Dienstboten und Lieferanten durften auch nicht die vornehmen, mit rotem Teppich ausgelegten Treppenaufgänge zu den hochherrschaftlichen Wohnungen benutzen. Sie mussten durch den Durchgang neben dem Haupteingang in den Hof gehen. Dort gab es für jede Vorderhauswohnung einen eigenen Hintereingang, der direkt in die Küche, den Hauptarbeitsbereich der Dienstmädchen führte. Den Rest der Wohnung durften sie nur betreten, wenn nach ihnen geklingelt wurde, zum Servieren des Essens oder zum Saubermachen.

In der Weimarer Republik konnten sich viele, die bisher in den prächtigen Häusern und in den großen Wohnungen am Kurfürstendamm gelebt hatten, diese nicht mehr leisten. Schuld daran war nicht die Revolution im November 1918, die Schluss mit dem Kaiserreich gemacht hatte. Sie hatten ihr Geld im Ersten Weltkrieg verloren und durch die Inflation, die folgte. Das Geld wurde so wenig wert, dass im Jahre 1923 ein einfaches Brot mehr als eine Milliarde Reichsmark kostete.

In dem Gedicht über die »Herrschaftlichen Häuser« beschreibt die Dichterin Mascha Kaléko, die in der Bleibtreustraße, einer Nebenstraße des Kurfürstendamms, wohnte, die Veränderungen:

Außen protzt das herrschaftliche Haus
Stillos-reich und kitschig-kalt wie früher.
Innen kennt sich der Gerichtsvollzieher
Besser als der Geldbriefträger aus.
Familiensilber protzt auf den Auktionen,
dem Bechsteinflügel hat man nachgeweint.
Kahl starren die Wände und den Armen scheint,
als ob sie bei sich selbst zur Miete wohnen.

Andere Leute zogen nun in die großen Wohnungen am Kurfürstendamm; Leute, die durch den Krieg reich geworden waren; Leute, die an der Inflation verdienten. Da diese Neureichen nicht wussten, wie lange ihr Geld noch etwas wert sein würde, wollten sie möglichst viel und möglichst schnell etwas von ihrem Reichtum haben. Sie wollten sich vergnügen und warfen mit dem Geld um sich.

Für diese Neureichen entstanden am Kurfürstendamm Bars, Restaurants, Kinos, Theater, Varietés, Revuen, Kabaretts und viele Geschäfte. Schaufenster und Lichtreklamen blinkten die ganze Nacht. Noch heute spricht man von den »Goldenen Zwanzigern« und meint damit die Zeit zwischen den Jahren 1924 und 1929 in Berlin. Dann kam eine Weltwirtschaftskrise und im Januar 1933 übernahmen die Nazis die Macht, die das »wilde Leben« am Kurfürstendamm beendeten. Viele Künstler, Schauspielerinnen, Musiker und Tänzerinnen wurden aus Deutschland vertrieben. Auch Mascha Kaléko musste Deutschland verlassen, weil sie Jüdin war.

Im Zweiten Weltkrieg wurden viele prächtige Kurfürstendamm-Häuser durch Bomben zerstört. Als Berlin nach dem Krieg in Ost und West gespalten, und im August 1961 eine Mauer zwischen Ost-

und Westberlin errichtet worden war, wurde der Kurfürstendamm
die Westberliner Vorzeigestraße, denn die historische Prachtstraße
Unter den Linden lag in Ostberlin.

Und wer lebt heute in den Häusern am Kurfürstendamm? Die riesigen Wohnungen mit den vielen Zimmern sind längst in mehrere Wohnungen aufgeteilt. In den vornehmen Vorderhäusern residieren Galerien, Rechtsanwaltkanzleien, Arztpraxen und andere Dienstleister. Zum Wohnen ist es im Vorderhaus auch viel zu laut geworden bei all den vielen Autos, die den breiten Kurfürstendamm entlang fahren. Heute wohnt man lieber im Gartenhaus, wie die Hinterhäuser hier genannt werden.

PAULA IM LÖWENKÄFIG

1928 – eine neue Sensation im Zirkus Busch in Berlin: Erstmals wagt sich eine Dompteuse auf einem Pferd in einen Käfig mit fünf Löwen. Paula Busch, die Direktorin des Zirkus, war die Wagemutige – und beinahe wäre es schief gegangen.

Plötzlich setzte die Löwin Roma von hinten zum Sprung auf Pferd und Reiterin an – viertausend Menschen hielten den Atem an. »Wo ist Roma?«, dachte Paula Busch. Sie hatte die Löwin aus den Augen verloren. Sie wusste, dass das einer Dompteuse nicht passieren darf. Doch Sultan, ihr Perserhengst, hatte besser aufgepasst. Er sah Roma von hinten auf sich zukommen. Schnell ging er in die Knie. Das hatte er als Zirkuspferd häufig genug geübt. Verwirrt stoppte Roma ihren Angriff, als Pferd und Reiterin aus ihrem Blickfeld verschwanden. Die Löwin war so verwirrt, dass sie wieder brav gehorchte, nachdem Sultan und Paula Busch wieder auftauchten.

Viertausend Menschen applaudierten begeistert, die ganze Manege tobte. Das Publikum dachte, die Dompteuse hätte den Angriff der Löwin als besonderen Nervenkitzel geplant. Einen ganzen Monat lang waren alle Vorstellungen restlos ausverkauft und Paula Busch hatte ihren Zirkus, der kurz vor dem Ruin stand, wieder einmal gerettet.

Zehn Jahre lang hatte Paula den Zirkus zusammen mit ihrem Vater Paul Busch geführt. Seit dem Jahre 1927 war sie allein als Direktorin für das große Unternehmen verantwortlich. Hunderte von Artisten und Tieren traten im Zirkus Busch auf. Das kostete viel Geld.

Um die Menschen immer wieder aufs Neue in ihren Zirkus zu locken, musste Paula Busch sehr erfinderisch sein. In den Kinos gab es jetzt jede Woche einen neuen Film. Kino galt als modern, Zirkus als altmodisch. Nur Kinder fanden den Zirkus mit Clowns, Seiltänzerinnen, Elefanten und Bären weiterhin aufregend.

Paula Busch konnte auch nicht einfach die Zelte abbrechen und an einen anderen Ort ziehen, wenn nicht genügend Zuschauer kamen, wie der Zirkus es früher gemacht hatte. Ihre Eltern Paul und Constanze Busch hatten im Jahre 1895 ein festes Gebäude für ihren Zirkus zwischen der Spree und dem Bahnhof Börse errichten lassen. Heute heißt der Bahnhof Hackescher Markt und dort, wo einst der Zirkus mit seinen viertausend Plätzen stand, erstreckt sich heute eine große Grünfläche.

Die Nazis ließen das Zirkus-Gebäude im Jahre 1937 sprengen. Sie wollten Berlin zu »Germania« umbauen. Der Zirkus stand ihnen im Weg. Weil sie im September 1939 einen Krieg anfingen, den sie verloren haben, ist aus diesen größenwahnsinnigen Bauplänen nichts geworden.

Heute kann man auf der grünen Wiese die Sonne genießen. Und wenn ihr dabei die Augen schließt und eure Phantasie spielen lasst, könnt ihr vielleicht die Löwen brüllen und Sultan schnauben hören.

VON DER FLOHKISTE ZUM FILMPALAST

Als Henny nach Hause kam, war sie ganz aufgeregt. Sie wohnte seit kurzem mit ihren Eltern und ihrer älteren Schwester Rosa in der Albrechtstraße in Steglitz. Mit Rosa war sie am Wrangelschlösschen spazieren gegangen. Da war eine Blinde aus der Rothenburgstraße gekommen, wo es eine Schule für Blinde gab.

Fasziniert hatte Henny beobachtet, wie das Mädchen, obwohl es blind war, ganz alleine den Weg fand. Mit einem Stock hatte es sich vorsichtig vorangetastet und jede Unebenheit und jedes Hindernis aufgespürt, auch die Bordsteinkante des Bürgersteigs. Nachdem das Mädchen aufmerksam gelauscht hatte, dass keine Kutsche kam, überquerte es die Straße und kam ohne Stolpern auf der anderen Straßenseite an.

Henny erzählte ihren Eltern von der Begegnung mit der Blinden, dabei spielte sie mit einem Besen das blinde Mädchen mit dem Stock nach. »So hat es das blinde Mädchen gemacht« – Henny hatte die Augen geschlossen und bewegte sich mit dem Besen durchs Wohnzimmer. »Damit solltest du zum Film gehen«, rief Rosa, die Schwester.

Rosa setzte sich gleich hin und schrieb ein Drehbuch. So ein Drehbuch wird gebraucht, wenn ein Film gedreht werden soll. Im Drehbuch steht die Geschichte, die der Film zeigt, und die Dialoge, die die Schauspielerinnen und Schauspieler im Film sprechen.

Mit ihrem Drehbuch ging Rosa zusammen mit der jüngeren Schwester zum Vorspielen in die Messters Filmstudios. Das Drehbuch wurde angenommen und der Film mit Henny in der Hauptrolle gedreht. Im Jahre 1911 kam »Das Liebesglück der Blinden« ins Kino und Henny Porten wurde berühmt. Sie wurde zum ersten Kinostar Deutschlands.

So soll die Karriere von Henny Porten angefangen haben. In Wirklichkeit hatten die beiden Schwestern Henny und Rosa Porten vor ihrem Film über das blinde Mädchen schon ein paar Jahre vor der Kamera gestanden. Aber bis jetzt waren dabei nur Tonbilder herausgekommen. So wurden die Vorläufer des Films genannt.

Henny und Rosa hatten getanzt. Davon wurden ganz viele Fotos aufgenommen. Die Negative von diesen Bildern wurden hintereinander auf eine Rolle geklebt. Wie bei einem Daumenkino schien es dann, wenn die Rolle schnell genug gedreht wurde, als würden die Tänzerinnen auf den Fotos sich bewegen. Dazu wurde bei der Vorführung Musik auf einem Grammophon oder einem Klavier gespielt. Filme mit Ton gab es in Deutschland erst ab dem Jahr 1929.

Der erste Film, der in Berlin am 1. November 1895 gezeigt wurde, bestand nur aus 48 Bildern und dauerte nur 23 Sekunden. Er hieß »Das boxende Känguruh«. Ihr könnt ihn euch im Internet ansehen. Gedreht haben diesen Film Max und Emil Skladanowsky. Beinahe wären die beiden Brüder die ersten Filmemacher weltweit gewesen. Aber ein Amerikaner war ein paar Wochen schneller als sie.

Das erste Kino Berlins wurde noch vor 1900 in der Münzstraße im Scheunenviertel eröffnet. Das war eine Armeleutegegend, wo es sich die Menschen nicht leisten konnten, ins Theater oder in die Oper zu gehen. Mit ihren Klamotten hätte man sie dort wahrscheinlich auch gar nicht reingelassen. Da war es ein willkommenes Ereignis, für einen Groschen das neue Wunder der laufenden Bilder zu bestaunen. Zu diesem Zweck waren in einem leerstehenden Laden, ein Filmvorführgerät und eine Leinwand, ein Klavier und so viele Stühle wie möglich aufgestellt worden.

Weil die Zuschauer wie Flöhe in einer Kiste zusammengedrängt wurden – damit es sich für den Betreiber des Kinos lohnte –, wurden die ersten Berliner Kinos Flohkisten genannt. Dafür soll es aber auch noch andere Gründe gegeben haben.

Die ersten Filme waren so kurz und einfach wie das Flohballett in der Holzkiste, das früher auf jedem Jahrmarkt und Rummelplatz

vorgeführt wurde. Erst als die Filmtechnik besser wurde, konnten längere und aufwendigere Filme gedreht werden.

Manchmal soll man auch aus den engen Kinos echte Flöhe als bleibende Erinnerung mit nach Hause gebracht haben. Wenn viele Leute, die zu Hause kein Bad, keine Wasserleitungen und keine Kleider zum Wechseln hatten, so eng zusammengedrängt wurden, konnte das vorkommen.

Feine Leute kamen nicht in solche Flohkisten-Kinos. Damit sie ins Kino gingen, mussten die Filme in Palästen gezeigt werden, die so prächtig waren wie die Oper oder das Theater. Solche Film-paläste eröffneten bald überall in Berlin. Die meisten gab es am Kurfürstendamm und rund um die Gedächtniskirche, wo die reicheren Leute wohnten. An manchen Stellen sind noch die Namen der Kinos an den Hausfassaden zu lesen – »Marmorpalast« oder

»Gloriapalast«. Der Eingang des »Gloriapalast«-Kinos, in dem sich heute ein Bekleidungsgeschäft befindet, ist unter Denkmalschutz gestellt. Dort sind noch die Kasse und der rote Teppich zu den Logen im ersten Stock zu sehen.

Im »Gloriapalast« hatte am 31. März 1930 der »Blaue Engel« Premiere. Für Marlene Dietrich, die die Hauptrolle in diesem Film spielte, begann damit ihre Karriere in Hollywood. Henny Porten war ihr großes Vorbild. Diese hatte inzwischen ihre eigene Film-produktionsfirma und stand auch immer noch vor der Kamera. Sie war so berühmt, dass es sich die Nazis nicht leisten konnten, auf sie zu verzichten, obwohl sie sich nicht von ihrem jüdischen Ehemann scheiden ließ und ihm damit das Leben rettete.

DIE SCHILDER IM BAYERISCHEN VIERTEL

»Juden dürfen keine Haustiere mehr halten. 15.5.1942«. Das steht auf einem Schild, das in der Barbarossastraße in Schöneberg zwischen der Münchner und der Heilbronner Straße an einer Straßenlaterne angebracht ist. Eine braungetigerte Katze auf blauem Hintergrund ist auf der anderen Seite des Schildes zu sehen.

Im Bayerischen Viertel in Schöneberg, das so heißt, weil viele Straßen nach Orten in Bayern benannt sind, gibt es noch viele solcher Schilder, die aussehen wie Verkehrsschilder und doch keine sind.

Auf einem braunen Schild, das an einem Spielplatz an der Rosenheimer Ecke Heilbronner Straße steht, sind Hüpfkästchen aufgemalt. »Arischen und nichtarischen Kindern wird das Spielen miteinander untersagt. 1938«, lautet der Text auf der Rückseite.

Inge Deutschkron durfte schon im Jahre 1933 nicht mehr auf der Straße mit anderen Kindern spielen. Durchs Fenster musste die Zehnjährige den anderen Kindern beim Spielen zusehen. Die Eltern hielten es für zu gefährlich, dass Inge draußen spielte.

»Du bist Jüdin«, hatte Inges Mutter ihr erklärt. Was das bedeutete, verstand Inge ebenso wenig, wie was »Arier« sind – ihr wurde nur immer klarer, dass »Arier« alles durften und den »Nichtariern«, den Juden und damit auch ihr, immer mehr verboten wurde.

Dass Juden sich nicht einmal mehr auf eine Parkbank setzen durften, darüber informiert das Schild mit der roten Bank an der Grünanlage am Bayerischen Platz. Auf dem Schild mit der Badehose an der Barbarossa- Ecke Landshuter Straße lesen wir: »Berliner Badeanstalten und Schwimmbäder dürfen von Juden nicht betreten werden. 3.12.1938«.

Auf anderen Schildern erfahren wir, Juden durften nicht mehr ins Kino gehen, kein Radio mehr haben, keine Bücher mehr ausleihen oder kaufen. Sie bekamen keine Süßigkeiten mehr und mussten Fahrräder und Wollschals und Wintermäntel abgeben.

Inge Deutschkron lernte, dass sie sich vor Menschen, die das Hakenkreuz-Abzeichen der Nazis angesteckt hatten, besonders in Acht nehmen musste. Aber nicht nur diese Nazis schikanierten Juden. Eigentlich hatte Inge immer Angst, weil sie nie wusste, was als nächstes passieren würde.

Kaum hatten die Nazis im Januar 1933 die Macht übernommen, war Inges Vater als Lehrer entlassen worden. Er war nicht nur Jude, sondern auch noch politisch ein Linker. Er blieb arbeitslos und musste schließlich aus Deutschland fliehen, weil ihn die Nazis sonst ins Gefängnis oder in ein KZ, ein Konzentrationslager, gesteckt hätten.

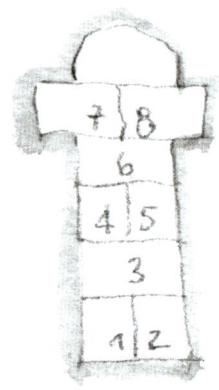

Der Vater wollte Inge und ihre Mutter nach England nachholen, wenn er Arbeit und eine Wohnung gefunden hatte. Doch wenige Monate nach seiner Flucht überfielen die Nazis Polen und der Zweite Weltkrieg begann. Kontakte zum Ausland wurden unterbrochen. Die Ausreise in ein Land, mit dem Deutschland Krieg führte, war nicht mehr möglich. Zu diesen Ländern gehörte auch England.

Inge Deutschkron besuchte nun die jüdische Schule in der Großen Hamburger Straße. In den anderen Schulen lernten die Kinder, dass Juden schlechtere Menschen als »Arier« seien, durften jüdische Kinder nicht mehr an Schulausflügen und am Schwimmunterricht teilnehmen, wurden von den Lehrerin-

nen und Lehrern schlecht behandelt
und von ihren Mitschülerinnen und
Mitschülern oft gehänselt oder sogar
verprügelt.

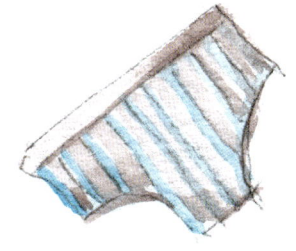

Das Schild mit einer Schreibtafel
an der Barbarossa-/Ecke Münchner
Straße informiert darüber, dass ab
dem Jahr 1938 alle jüdischen Kinder
auf eine jüdische Schule gehen mussten, und dass sie ab dem
Sommer 1942 gar keine Schule mehr besuchen durften.
Als Jude galt, wer Großeltern hatte, die jüdischen Glaubens waren.

Jüdischsein sollte auch am Gesicht, der
Nase, der Augen- und Haarfarbe zu erkennen sein, angeblich waren nur »Arier«
blond und blauäugig. Das aber stimmte
genauso wenig wie alles andere, was die
Nazis über die Juden behaupteten. Damit
sie sofort zu erkennen waren, wurden sie
mit einem gelben Stern gekennzeichnet.

»Alle Juden, die älter als 6 Jahre sind,
müssen den gelben Stern mit der Auf-
schrift ›Jude‹ tragen. 1.9.1941«, steht auf dem Schild mit dem
T-Shirt in der Rosenheimer Straße nahe der Grunewaldstraße.

Weil Inge Deutschkron es nicht ertrug, wie alle Leute sie an-
starrten, seit sie den »Judenstern« trug, machte sie ihn heimlich
unterwegs ab oder wechselte ihre
Kleider. Aber das war sehr gefährlich. Was würde geschehen, wenn sie
jemandem begegnete, der sie kannte,
der wusste, dass sie Jüdin war? Wenn
jemand sie anzeigt, würde sie verhaf-
tet, ins Konzentrationslager gesteckt
oder deportiert werden.

Im Oktober 1941 hatte die »Verschickung« der jüdischen Menschen aus Berlin begonnen. Immer mehr Juden wurden in Eisenbahnzüge gesteckt und nach Osten gebracht. Das wurde Deportation genannt. Es wurde gesagt, die Juden sollten im Osten angesiedelt werden. Manche hofften, dass es ihnen dort besser gehen würde. Andere glaubten nicht daran, nach allem was sie erlebt hatten.

Inge Deutschkron musste mit ihrer Mutter in ein »Judenhaus« umziehen, in die Bamberger Straße 22. Zusammen mit neun fremden Menschen wohnten sie in 5 ½ Zimmern mit nur einer Toilette und nur einem Herd zum Kochen für alle. Da gab es häufig Streit, vor allem morgens, wenn alle schnell zur Arbeit mussten, denn wer nicht rechtzeitig zur Arbeit kam, dem drohte die sofortige Deportation.

Immer mehr jüdische Menschen wurden in solchen »Judenhäusern« und »Judenwohnungen« zusammengepfercht, weil die »Arier« sie in ihren Häusern nicht haben wollten. Im Bayerischen Viertel gab es besonders viele »Judenhäuser«. Mehr als sechstausend jüdische Menschen wurden von hier deportiert und ermordet – auch die Mitbewohnerinnen und Mitbewohner von Inge Deutschkron. An sie erinnern seit dem Jahr 2008 sieben »Stolpersteine« vor dem Haus Bamberger Straße 22.

Auf einem der Steine steht:

CLARA RIEGER
GEB. SEGALL
26.05.1880 IN BERLIN
DEPORTIERT
14.12.1942
AUSCHWITZ
ERMORDET

Inge Deutschkron und ihre Mutter hatten sich rechtzeitig verstecken können. Mehr als zwei Jahre lang halfen ihnen Freunde und Bekannte, bis am 8. Mai 1945 mit dem Kriegsende ganz Deutschland von den Nazis befreit wurde.

In dem Buch »Ich trug den gelben Stern« könnt ihr die Geschichte von Inge Deutschkron nachlesen. Oder ihr könnt sie euch in dem Theaterstück »Ab heute heißt du Sara« im Grips-Theater ansehen.

Und im Bayerischen Viertel könnt ihr noch viele andere Schilder entdecken, die an die Verfolgung und Ermordung der jüdischen Menschen erinnern. 80 Schilder wurden im Jahr 1993 als Denkmal aufgestellt. Im Rathaus Schöneberg könnt ihr in der Dauerausstellung »Wir waren Nachbarn« auch etwas über andere jüdische Menschen erfahren, die hier lebten.

»Mit dem Kopf im Westen, mit dem Hintern im Osten«

Als der Krieg im Mai 1945 zu Ende war, zog Regine mit ihren Eltern in die Bernauer Straße in ein Haus direkt an der Sektorengrenze. Die vier Alliierten, die Sowjetunion, die USA, Großbritannien und Frankreich, die sich im Zweiten Weltkrieg gegen Nazi-Deutschland verbündet und das Land von der Nazi-Diktatur befreit hatten, teilten Berlin nach Kriegsende in vier Sektoren. Der Osten Berlins war der russische Sektor, der Süden amerikanisch, der Westen britisch und der Norden französisch.

Das Haus, in dem Regine seit 1945 wohnte, stand im Bezirk Mitte und damit im russischen Sektor, der Bürgersteig davor gehörte zum Wedding, also zum französischen Sektor. Als im Mai 1949

die Bundesrepublik Deutschland und im Oktober 1949 die DDR gegründet wurde, wurde die Sektorengrenze, an der Regine wohnte, zur Staatsgrenze zwischen Ost- und West-Deutschland. Aber noch konnte Regine ihren Kopf aus ihrem Haus in Ost-Berlin zum Fenster raus in den Westen strecken. Sie konnte zunächst sogar als Ost-Kind weiter auf die West-Schule im Wedding gehen, wo sie im Jahre 1947 eingeschult worden war.

Erst mit dem Bau der Mauer am 13. August 1961 wurden alle Wege von Ost-Berlin nach West-Berlin abgeschnitten. Die DDR errichtete an ihrer Grenze eine Mauer. Die Regierung erklärte, dass die Mauer einen neuen Krieg zwischen Ost und West verhindern sollte. In Wirklichkeit wollte die DDR jedoch verhindern, dass noch mehr Menschen aus dem Osten in den Westen flohen.

In der Bernauer Straße, wo Regine wohnte und nun die Mauer direkt vor ihrem Haus gebaut wurde, versuchten manche Menschen, mit einem Sprung aus dem Fenster noch im letzten Moment in den Westen zu kommen. Deswegen wurden in Regines Haus die Fenster und Türen zugemauert, die zur Westseite hinausgingen.

Regines Eltern hatten sich entschieden, in Ost-Berlin zu bleiben. Sie waren zwar mit vielem in der DDR nicht einverstanden, aber in Ost-Berlin hatten sie viele Freunde und fühlten sich zu Hause. Außerdem fanden sie, war im Westen auch nicht alles besser. Schon im Jahre 1951 hatte Regine in eine Ost-Schule wechseln müssen. Ihre neuen Mitschülerinnen und Mitschüler lernten schon seit einem Jahr Russisch. Das musste sie nachholen. Auch einige Wörter, die es im Westen nicht gab, musste sie neu lernen, zum Beispiel »Zentralkomitee«.

Regine musste auch lernen, dass sie von manchem ausgeschlossen war und benachteiligt wurde, weil sie nicht bei den Pionieren und in der FDJ war. Das waren die Kinder- und Jugendorganisationen der DDR. Regine war stattdessen aktiv in der »Jungen Gemeinde« der evangelischen Kirche, was vom Staat nicht gern gesehen wurde.

Als Regine nach der Schule studieren wollte, bekam sie deshalb keinen Studienplatz. Doch sie hatte Glück. Ein Professor für Biologie an der Berliner Universität nahm sie trotzdem. Nach dem Studium arbeitete sie beim VEB Berlin-Chemie in Adlershof. Als Expertin für Insulin, einem Medikament gegen die Zuckerkrankheit Diabetes, wurde sie schließlich Bereichsleiterin an der Berliner Zentralstelle für Diabetes und Stoffwechselkrankheiten. Nebenbei machte sie noch den Doktor der Naturwissenschaften und brachte drei Kinder zur Welt.

In der DDR war es selbstverständlich, dass Frauen genauso wie Männer arbeiten gingen, auch wenn sie Kinder bekamen. Für die Kinder gab es Kinderkrippen und Kindergärten. Und in der DDR gab es Frauen in Berufen, in denen im Westen fast nur Männer arbeiteten – Naturwissenschaftlerinnen wie Regine Hildebrandt oder Angela Merkel, Ingenieurinnen auf dem Bau, Kranfahrerinnen und Traktoristinnen.

Ausbildung und Weiterbildung von Frauen wurden in der DDR extra gefördert. Die Frauenförderpläne der DDR haben auch Regine Hildebrandt bei ihrem Vorwärtskommen im Beruf geholfen. Wichtig war aber auch, dass alle in der Familie mit anpackten, dass alle sich an den Hausarbeiten beteiligten. In der Familie Hildebrandt galt: »Wer Zeit hat, macht das Bad sauber.«

Schwierig war, dass es in der DDR nicht immer alles überall zu kaufen gab, dass man sich lange anstellen musste für Obst, Gemüse, Fleisch und andere Lebensmittel. Das kostete viel Zeit. Die Hildebrandts bekamen regelmäßig Pakete mit Kleidung von Bekannten aus dem Westen geschickt. Auch wenn sie nicht neu waren, fanden sie sie schicker als das, was es in der DDR zu kaufen gab.

Regine hatte im Jahre 1966 Jörg Hildebrandt geheiratet. Schon als Kind hatte sie mit ihm in der Bernauer Straße zusammen gespielt und er gehörte wie sie zur »Jungen Gemeinde«. Als Pazifist, der Krieg, Gewalt und Waffen ablehnte, hatte er sich geweigert, Soldat bei der Volksarmee zu werden. Wer in der DDR nicht Soldat werden wollte, musste als Bausoldat arbeiten. Als Jörg Hildebrandt sich auch weigerte, beim Bau eines Schießplatzes mitzuarbeiten, musste er für ein halbes Jahr ins Gefängnis.

Bis Menschen den Mut fanden, sich zusammenzuschließen, um die DDR zu ändern, dauerte es noch viele Jahre. Als es im Herbst 1989 so weit war, engagierten sich Regine und Jörg Hildebrandt für »Demokratie jetzt« und wurden Mitglied in der neugegründeten Ost-SPD. Am 18. März 1990 wurde Regine Hildebrandt als Abgeordnete in die Volkskammer gewählt. Volkskammer hieß der Bundestag in der DDR. Regine Hildebrandt wurde Ministerin für Soziales in der letzten DDR-Regierung und dann im Land Brandenburg, als es die DDR nach ihrem Anschluss an die Bundesrepublik am 3. Oktober 1990 nicht mehr gab.

Aber Regine Hildebrandt wurde keine Politikerin wie alle anderen. Sie nahm kein Blatt vor den Mund und setzte sich mit ihrer »Berliner Schnauze« lautstark für die Menschen in den Neuen Bundesländern ein. Wegen ihrer Schlagfertigkeit wurde sie in viele Talkshows eingeladen. Manche hielten sie aber auch für eine Nervensäge, weil sie sich kaum bremsen ließ, wenn sie ein Anliegen vorzubringen hatte. Und Anliegen gab es viele.

Regine Hildebrandt ging die Wiedervereinigung viel zu schnell. Besonders schlimm fand sie, dass so viele Menschen ihre Arbeit

verloren. Arbeitslosigkeit hatte es in der DDR nicht gegeben. Sie träumte von einer Welt, in der nicht alles vom Geld abhängt, in der die Menschen Arbeit gegen Arbeit tauschen und sich gegenseitig helfen. »Und wenn sich dann der Himmel öffnet und es Geld regnen würde, bückten sich die Menschen nicht wie geistig verwirrt, sondern würden über den Spuk lauthals lachen.«

»DAS IST UNSER HAUS«

Im Dezember 1971 besetzten junge Leute Bethanien am Marian-
nenplatz in Kreuzberg SO 36. Das riesige Gebäude stand leer. Mehr
als hundert Jahre war dort ein Krankenhaus gewesen, doch das
war geschlossen worden. »Ihr kriegt uns hier nicht raus!«, sang Rio
Reiser von »Ton Steine Scherben«. »Das ist unser Haus, schmeißt
doch endlich Schmidt und Press und Mosch aus Kreuzberg raus.«

Schmidt, Press und Mosch hatten das »Neue Zentrum« am Kottbusser Tor bauen lassen. Das sind die Neubauten, die sich wie
eine Brücke über den Kottbusser Damm spannen. Um Platz für
die Neubauten zu machen, wurden viele alte Häuser abgerissen.
Dagegen protestierten die Hausbesetzer. Denn in den neuen Häusern musste mehr Miete gezahlt werden als in den alten. Für Wohnungen, die vor dem Jahr 1949 gebauten worden waren, konnten die Hausbesitzer nicht einfach die Miete erhöhen, weil es die
Mietpreisbindung gab. Das war ein Gesetz, das bestimmte, wie viel
Miete die Hausbesitzer höchstens verlangen durften.

Aber nicht nur die Hausbesitzer konnten mit den neuen Häusern mehr Gewinn machen. Am Bau der neuen Häuser verdienten
auch Baufirmen und Banken. Und sie verdienten daran sehr gut,
weil es für den Neubau von Wohnungen in West-Berlin viel Geld
vom Staat gab. Die Bundesrepublik hatte im Jahre 1951 eine Berlin-Förderung eingeführt. Damit sollte verhindert werden, dass
immer mehr Menschen und Firmen aus West-Berlin wegzogen,
weil sie Angst hatten, dass West-Berlin, das mitten in der DDR lag,
irgendwann von den Russen besetzt werden würde.

Die Berlin-Förderung zahlte Geldprämien an alle Menschen
und Betriebe, die nach West-Berlin zogen. Alle Betriebe und alle
Menschen, die in West-Berlin arbeiteten, erhielten eine Berlin-
Zulage. Dabei wurde viel Unsinniges gefördert. Zum Beispiel
wurden in West-Deutschland geschlachtete Schweine tiefgefro-
ren, nach West-Berlin transportiert, die Schweine hier zerlegt und

111

die Schweineteile wieder zurückgebracht nach West-Deutschland, nur um die Fördergelder zu bekommen.

Mit der Berlin-Förderung wurde auch der Bau von neuen Tra-banten-Städten am Rande West-Berlins finanziert. So entstanden die Gropiusstadt in Neukölln und das Märkische Viertel in Reini-ckendorf. Doch wegen der Mauer rund um West-Berlin waren freie Flächen für Neubauten begrenzt. Deshalb begann man schließlich mit dem Abriss ganzer Straßenzüge und Viertel in der Innenstadt.

Alte Häuser durften aber nur abgerissen werden, wenn niemand mehr darin wohnte. Alle Mieter auf einmal zum Umziehen zu bewegen, gelang meistens nicht. Die Hausbesitzer ließen deshalb die Wohnungen leer stehen, wenn jemand auszog, und warteten, bis alle weg waren. Doch bis alle Wohnungen eines Hauses oder sogar ein ganzer Häuserblock leer wurde, das konnte Jahre dauern.

112

Dass die Hausbesitzer für die leeren Wohnungen keine Miete einnahmen, war für sie kein Problem. Sie konnten ihre Verluste von der Steuer absetzen. Aber für alle, die eine bezahlbare Wohnung suchten, wurde es immer schwieriger eine zu finden. Das galt vor allem für junge Berliner, die von zu Hause ausziehen und endlich ihre eigene Wohnung haben wollten. Und das galt für die vielen jungen Leute aus West-Deutschland, die zum Studium hierher kamen.

West-Berlin war bei jungen Männern sehr beliebt. Wer in West-Berlin lebte, musste nicht zur Bundeswehr. Außerdem war in West-Berlin immer etwas los. Im Jahre 1968 gab es hier viele Demos gegen den Krieg in Vietnam, gegen Demokratiemangel an den Universitäten und Demokratieabbau durch die Notstandsgesetze.

Aber die jungen Menschen wollten nicht nur die Welt verändern, sie wollten auch selbst anders leben. Sie wollten nicht mehr allein oder nur mit einer Freundin oder einem Freund zusammenwohnen, sondern mit allen ihren Freundinnen und Freunden zusammen in einem Haus, in Wohngemeinschaften oder in einer Kommune. Deshalb besetzten sie leerstehende alte Häuser. So entstand im Bethanien ein Künstlerhaus und ganz in der Nähe in der Mariannenstraße in einer ehemaligen Schokoladenfabrik das Frauenzentrum Schokofabrik.

Im Jahre 1981 erreichte die Hausbesetzerbewegung in West-Berlin ihren Höhepunkt. 170 Häuser waren damals besetzt. Fast jeden Tag gab es eine Demonstration gegen die Geldmacherei mit den Wohnungen. Der Regierende Bürgermeister von Berlin Dietrich Stobbe von der SPD und seine Regierung mussten zurücktreten. Die Neuwahlen gewann dann erstmals nach dreißig Jahren die CDU. Die neue Regierung von Richard von Weizsäcker setzte sich für die Legalisierung der besetzten Häuser ein.

Wer einfach in ein leerstehendes Haus oder in eine leerstehende Wohnung einzieht, verstößt eigentlich gegen das Gesetz.

114

Und so etwas nennt man illegal. Legalisierung bedeutete, dass die Hausbesetzer nicht nur nicht auf die Straße gesetzt und bestraft wurden, sie durften die besetzten Häuser für wenig Geld kaufen.

Gefördert wurde nun auch die Sanierung der Altbauten. Das heißt, die alten Häuser wurden nicht mehr abgerissen, sondern ausgebessert, neu gestrichen und in die Wohnungen wurden Heizungen, Toiletten und Bäder eingebaut. Zur neuen Politik gehörten aber auch die Verhinderung von Neubesetzungen und die Abschaffung der Mietpreisbindung. Damit war die Miete für die Wohnungen in alten Häusern nicht mehr begrenzt.

Dass in Kreuzberg, Schöneberg, Neukölln, Wedding oder Tiergarten nicht noch mehr von den alten Häusern durch Neubauten ersetzt wurden, verdanken wir aber nicht nur den Hausbesetzern, sondern auch den Gastarbeitern. So wurden die Menschen genannt, die aus Südeuropa und der Türkei zu zwei Jahren Arbeit in Deutschland verpflichtet wurden. Weil die Gastarbeiter nur kurze Zeit bleiben sollten, wurden die leerstehenden Wohnungen in den zum Abriss vorgesehenen Häusern an sie als Zwischennutzer vermietet. Aber sie bekamen Sehnsucht nach ihren Familien, holten sie zu sich und wurden Berlinerinnen und Berliner. Sie eröffneten Geschäfte, wo es das zu kaufen gab, was sie in Deutschland vermissten. Sie erfanden den Döner. Und aus Kreuzberg SO 36 wurde »Klein-Istanbul«.

Die Autorin

Claudia von Gélieu ist Politikwissenschaftlerin. Seit drei Jahr-
zehnten spürt sie unbekannte Berliner Geschichten auf, erzählt
sie bei den Berliner »Frauentouren« für Erwachsene und Kinder
und schreibt sie zum Nachlesen auf, zuletzt in *Hexen, Salonièren,
Girls: Berliner Frauengeschichte erzählt*. Für ihr Engagement wurde
sie mit dem Frauenpreis des Berliner Senats ausgezeichnet.

Die Illustratorin

Anna Zunterstein hat nach ihrem Studium der Kunst und Archi-
tektur an der Kunsthochschule Berlin-Weißensee bereits in den
1980er-Jahren Kinderbücher illustriert, unter anderem *Pole Pop-
penspäler* und *Das Mondpferd* (Türkische Märchen).

.